EXCEL 2023 : LOS MEJORES 40 + TRUCOS y ATAJOS EXCEL PARA AUMENTAR TU PRODUCTIVIDAD

GUÍA PRACTICA PARA PRINCIPIANTES E INTERMEDIOS

ÍNDICE

INTRODUCCIÓN

Microsoft Excel es la aplicación de hoja de cálculo líder en todo el mundo. Excel tiene aplicaciones en casi todas las industrias, desde finanzas hasta ciencia de datos y gestión de proyectos. Cuanto más sepas sobre cómo trabajar con datos de hojas de cálculo de Excel, mayor será la contribución significativa que aportaras a tu organización.

Excel no es solo para hacer tablas. Hay mucho más en el programa de lo que probablemente te hayas dado cuenta. Además de organizar datos, la gran cantidad de programas y funciones de Excel están destinados a ahorrarte tiempo. En lugar de sumar 127 columnas de gastos mensuales tú mismo, por ejemplo, Excel hace los cálculos por ti y sabrás que son correctos.

¿Sabías que los conocimientos de Excel pueden aumentar instantáneamente tus perspectivas laborales y tu salario inicial? Excel es una habilidad transferible que cualquier gerente de contratación entiende que es fundamental. Esa es la belleza de conocer un programa informático tan universal: te da opciones.

Independientemente de lo que hagas en la oficina, es probable que Excel te ayude de alguna manera a hacer mejor tu trabajo; es sólo una cuestión de averiguar qué es eso.

Aún mejor, ser excelente en Excel puede convertirte en la persona a quien acudir en la oficina; nunca se sabe cuándo tu jefe o un colega necesita a alguien con algunos trucos de Excel para hacer su magia, y esa persona podría ser tu. ¿Quién no quiere esa estrella dorada? Y es por eso debes aprender Excel.

1. Seleccionar filas y columnas con el teclado

¿Cómo seleccionamos rápidamente las líneas si las columnas en Excel? Si las tablas son grandes, utilizar el ratón nos llevará mucho tiempo.

Por ejemplo, la tabla que utilizo tiene solo 3337 líneas y 9 columnas.

3	3332	29/04/07	Oficina	Venta	Lleida	190	1.031.320 €	
4	3333	29/04/07	Industrial	Alquiler	Lleida	221	1.450.644 €	
5	3334	29/04/07	Piso	Alquiler	Girona	55	454.080 €	
6	3335	30/04/07	Suelo	Venta	Tarragona	78	740.688 €	
7	3336	30/04/07	Piso	Alquiler	Barcelona	88	397.408 €	
8	3337	30/04/07	Parking	Venta	Lleida	254	2.140.712 €	
9								

He tardado 15 segundos en seleccionarla con el ratón. Si te descuidas y pinchas mal puedes perder lo que habías seleccionado antes y tienes que empezar de nuevo. Si quieres agilizar el proceso bajas el ratón para abajo con más velocidad y te vas de la última línea y tienes que volver...segundos extras...

Con la combinación de teclas **CTRL + SHIFT + ↓** seleccionamos una columna entera en menos de 1 segundo.

3324	3323	
3325	3324	
3326	3325	
3327	3326	
3328	3327	
3329	3328	
3330	3329	
3331	3330	
3332	3331	
3333	3332	
3334	3333	
3335	3334	
3336	3335	
3337	3336	
3338	3337	
3339		

Para seleccionar una fila entera, utilizamos la combinación de teclas **CTRL + SHIFT + →**.

	A	B	C	D	E	F	G	H	I
1	Referenc	Fecha Alta	Tipo	Operación	Provincia	Superficie	Precio Venta	Fecha Venta	Vendedor
2	1	01/01/04	Parking	Alquiler	Lleida	291	2.133.903 €	19/06/04	Carmen
3	2	01/01/04	Local	Venta	Girona	199	1.945.424 €	19/04/04	Pedro
4	3	01/01/04	Oficina	Alquiler	Girona	82	712.416 €	08/11/04	Joaquín

Para la selección de toda la tabla utilizamos la combinación de teclas:

CTRL + SHIFT + → + ↓ o **CTRL + SHIFT + ↓ + →** , el resultado va a ser el mismo.

En cambio, si solo queremos posicionarnos en la última fila de la tabla utilizamos **CTRL + →**,   respectivamente **CTRL + ↓** , si se trata de columnas.

3337	3336
3338	3337
3339	

Utilizando estas combinaciones de teclas nos vamos a desplazar por las tablas Excel de grandes dimensiones de forma mucho más eficiente.

2. AutoSUM (ALT + =)

Para sumar los valores de una columna o una línea en Excel, podemos utilizar una sola combinación de teclas.

No posicionamos con el ratón en la primera celda vacía de la línea/columna que queremos sumar.

	enero	febrero	marzo	abril	mayo	junio	julio	agosto	septiembre	octubre	noviembre	diciembre
Burgos	82	70	4	83	66	66	5	36	56	52	2	14
Briviesca	100	94	42	25	92	56	34	86	44	78	94	97
Miranda	58	3	73	65	65	77	13	82	56	9	81	64
Pamplona	66	54	44	69	12	29	50	21	54	19	60	67
Valladolid	31	68	95	0	1	53	33	84	26	71	81	36
Aranda	93	51	80	33	50	78	94	74	96	24	72	9

Presionamos **ALT + =**.

	enero	febrero	marzo	abril	mayo	junio	julio	agosto	septiembre	octubre	noviembre	diciembre	
Burgos	82	70	4	83	66	66	5	36	56	52	2	14	
Briviesca	100	94	42	25	92	56	34	86	44	78	94	97	
Miranda	58	3	73	65	65	77	13	82	56	9	81	64	=SUMA(B6:M6)
Pamplona	66	54	44	69	12	29	50	21	54	19	60	67	SUMA(número
Valladolid	31	68	95	0	1	53	33	84	26	71	81	36	
Aranda	93	51	80	33	50	78	94	74	96	24	72	9	

Pulsamos **Enter** y nos sale el total de la línea 7.

	enero	febrero	marzo	abril	mayo	junio	julio	agosto	septiembre	octubre	noviembre	diciembre	
Burgos	82	70	4	83	66	66	5	36	56	52	2	14	
Briviesca	100	94	42	25	92	56	34	86	44	78	94	97	
Miranda	58	3	73	65	65	77	13	82	56	9	81	64	646
Pamplona	66	54	44	69	12	29	50	21	54	19	60	67	
Valladolid	31	68	95	0	1	53	33	84	26	71	81	36	
Aranda	93	51	80	33	50	78	94	74	96	24	72	9	

Interesante es que utilizando la misma combinación de teclas una sola vez, podemos hacer totales de todas las líneas y columnas de la tabla. Para ello, seleccionamos (con CTRL y el cursor) las celdas de los totales:

	enero	febrero	marzo	abril	mayo	junio	julio	agosto	septiembre	octubre	noviembre	diciembre	
Burgos	82	70	4	83	66	66	5	36		56	52	2	14	
Briviesca	100	94	42	25	92	56	34	86		44	78	94	97	
Miranda	58	3	73	65	65	77	13	82		56	9	81	64	
Pamplona	66	54	44	69	12	29	50	21		54	19	60	67	
Valladolid	31	68	95	0	1	53	33	84		26	71	81	36	
Aranda	93	51	80	33	50	78	94	74		96	24	72	9	

Presionamos una solo vez **ALT + =** y el resultado es:

	enero	febrero	marzo	abril	mayo	junio	julio	agosto	septiembre	octubre	noviembre	diciembre	
Burgos	82	70	4	83	66	66	5	36		56	52	2	14	536
Briviesca	100	94	42	25	92	56	34	86		44	78	94	97	842
Miranda	58	3	73	65	65	77	13	82		56	9	81	64	646
Pamplona	66	54	44	69	12	29	50	21		54	19	60	67	545
Valladolid	31	68	95	0	1	53	33	84		26	71	81	36	579
Aranda	93	51	80	33	50	78	94	74		96	24	72	9	754
	430	340	338	275	286	359	229	383		332	253	390	287	3902

3. Copiar Formato para celdas no adyacentes

Ya sabemos que para copiar el formato de una celda y aplicarlo a otra celda u otras celdas adyacentes utilizamos la opción de **"Copiar Formato"**. Primero nos posicionamos en la celda con el formato que deseamos copiar, seleccionamos **"Copiar Formato"** y después hacemos clic en la celda o rango de celdas donde queremos aplicar el nuevo formato. Pero ¿cómo hacemos si queremos aplicar el mismo formato en varias celdas o rangos de celdas no adyacentes de nuestra hoja de cálculo? Nada más sencillo, el truco es hacer doble-clic (en vez de solo un clic) sobre el icono de **"Copiar Formato"**.

Vamos a ver los pasos:

➢ Seleccionamos la celda con el formato que queremos aplicar a las otras celdas.

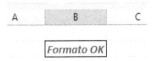

7

➢ Hacemos **_doble clic_** en el icono "Copiar Formato".

➢ Seleccionamos tranquilamente todas las celdas a la cuales queremos aplicar el nuevo formato. El doble clic le dice a Excel que todavía no hemos terminado de formatear.

➢ Al final, presionamos la tecla **ESC**.

4. CTRL + Enter

La combinación de teclas **CTRL + Enter** nos enseña que no es necesario utilizar las opciones de Copiar y Pegar o utilizar opciones de "rellenar" para escribir un valor o fórmula en un rango de celdas. Si seleccionamos varias celdas adyacentes y no adyacentes, escribimos un valor en la celda activa y presionamos la combinación **CTR + Enter**, las otras celdas preseleccionadas van a coger el mismo valor.

Vamos a ver un ejemplo:

➢ Seleccionamos varias celdas de la hoja de cálculo (utilizando la tecla CTRL)

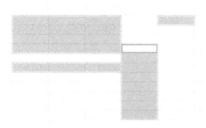

➢ Escribimos en la celda activa un valor numérico, texto, fecha…

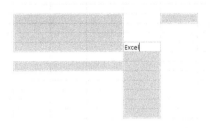

➢ Presionamos la combinación de teclas **CTRL + Enter** y podemos comprobar que el valor introducimos en el paso anterior es copiado en todas las celdas preseleccionadas.

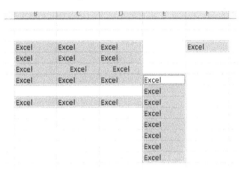

Podemos utilizar esta combinación de teclas por ejemplo cuando queremos cambiar una fórmula en varias celdas.

En el ejemplo de abajo, los valores de la columna "Ajuste precio" se calculan aplicando un incremento de 10% sobre los valores de la columna "Precio Venta".

	H2		f_x	=G2*1,1					
	A	B	C	D	E	F	G	H	I	J
1	Referencia	Fecha Alta	Tipo	Operación	Provincia	Superficie	Precio Venta	Ajuste Precio	Fecha Venta	Vendedor
2	1	01/01/04	Parking	Alquiler	Lleida	291	2.133.903 €	2.347.293 €	19/06/04	Carmen
3	2	01/01/04	Local	Venta	Girona	199	1.945.424 €	2.560.684 €	19/04/04	Pedro
4	3	01/01/04	Oficina	Alquiler	Girona	82	712.416 €	2.334.509 €	08/11/04	Joaquín
5	4	02/01/04	Parking	Alquiler	Girona	285	1.815.450 €	854.899 €	27/04/04	Jesús
6	5	02/01/04	Suelo	Venta	Tarragona	152	1.138.024 €	2.178.540 €	10/07/04	María
7	6	03/01/04	Industrial	Alquiler	Girona	131	953.156 €	1.365.629 €	05/09/04	Pedro

Si ahora necesitamos cambiar el incremento de precio del 10% al 15 % y queremos ajustar la fórmula para todas las celdas de la columna H, los pasos van a ser los siguientes:

1. Nos posicionamos en la celda H2 y presionamos **CTRL + Shift + ↓** para seleccionar rápidamente todas celdas de columna H.

	A	B	C	D	E	F	G	H	I	J	K
1	Referencia	Fecha Alta	Tipo	Operación	Provincia	Superficie	Precio Venta	Ajuste Precio	Fecha Venta	Vendedor	
2	1	01/01/04	Parking	Alquiler	Lleida	291	2.133.903 €	2.347.293 €	19/06/04	Carmen	
3	2	01/01/04	Local	Venta	Girona	199	1.945.424 €	2.560.684 €	19/04/04	Pedro	
4	3	01/01/04	Oficina	Alquiler	Girona	82	712.416 €	2.334.509 €	08/11/04	Joaquín	
5	4	02/01/04	Parking	Alquiler	Girona	285	1.815.450 €	854.899 €	27/04/04	Jesús	
6	5	02/01/04	Suelo	Venta	Tarragona	152	1.138.024 €	2.178.540 €	10/07/04	María	
7	6	03/01/04	Industrial	Alquiler	Girona	131	953.156 €	1.365.629 €	05/09/04	Pedro	

2. Modificamos la fórmula de G2*1,1 a G2*1,15.

fx   =G2*1,15

	B	C	D	E	F	G	H	I	J
	Fecha Alta	Tipo	Operación	Provincia	Superficie	Precio Venta	Ajuste Precio	Fecha Venta	Vendedor
1	01/01/04	Parking	Alquiler	Lleida	291	2.133.903 €	=G2*1,15	19/06/04	Carmen
2	01/01/04	Local	Venta	Girona	199	1.945.424 €	2.560.684 €	19/04/04	Pedro
3	01/01/04	Oficina	Alquiler	Girona	82	712.416 €	2.334.509 €	08/11/04	Joaquín

3. Presionamos **CTRL + Enter** y podemos comprobar como la fórmula se ha actualizado de forma automática en todas las celdas preseleccionadas de la columna H.

fx   =G6*1,15

	C	D	E	F	G	H	I	J
Alta	Tipo	Operación	Provincia	Superficie	Precio Venta	Ajuste Precio	Fecha Venta	Vendedor
'01/04	Parking	Alquiler	Lleida	291	2.133.903 €	2.453.988 €	19/06/04	Carmen
'01/04	Local	Venta	Girona	199	1.945.424 €	2.237.238 €	19/04/04	Pedro
'01/04	Oficina	Alquiler	Girona	82	712.416 €	819.278 €	08/11/04	Joaquín
'01/04	Parking	Alquiler	Girona	285	1.815.450 €	2.087.768 €	27/04/04	Jesús
'01/04	Suelo	Venta	Tarragona	152	1.138.024 €	1.308.728 €	10/07/04	María
'01/04	Industrial	Alquiler	Girona	131	953.156 €	1.096.129 €	05/09/04	Pedro
'01/04	Parking	Alquiler	Tarragona	69	406.686 €	467.689 €	07/06/04	Pedro

Obtendremos el mismo resultado si modificamos la fórmula en la primera celda y después la arrastramos sobre las celdas de la misma columna, pero si trabajamos con tablas grandes con muchas filas nos llevará menos tiempo utilizar la combinación de teclas **CTRL + Enter.**

5. Relleno rápido

La herramienta de relleno rápido es espectacular y si no la habéis utilizado hasta ahora, vais a quedar sorprendidos.

El comando **"Relleno rápido"** nos permite realizar tareas sencillas de separación de texto o de concatenación, y aunque podríamos obtener los mismos resultados creando una fórmula o utilizando el famoso copiar/pegar, con el relleno rápido vamos a ahorrar mucho tiempo y energía.

Por ejemplo, en la tabla de abajo, tenemos la columna "Nombre completo/puesto" y la queremos separar en 3 columnas distintas, "Apellido", "Nombre" y "Puesto".

B	C	D	E
Nombre completo/puesto	Apellido	Nombre	Puesto
Wu Tammy; Administrativo			
Bates Lisa; Administrativo			
Gonzales Joe; Administrativo			
Hodge Alex; Contabilidad			
Melendez Jaime; Diseño			
Gorton Hazel; Aux. Diseño			
Bell Tom; Aux. Contable			
Boughton Frank; Aux. Diseño			

Empezamos por completar las columnas C, D y E de la primera fila, así como nos gustaría que quedará los datos.

B	C	D	E
Nombre completo/puesto	Apellido	Nombre	Puesto
Wu Tammy; Administrativo	Wu	Tammy	Administrativo
Bates Lisa; Administrativo			
Gonzales Joe; Administrativo			

Es necesario y sorprendentemente suficiente (en la mayoría de los casos) este paso para que **Relleno rápido** pueda leer un patrón y nos dé el resultado esperado. También es importante considerar que a veces tendremos que escribir dos ejemplos para que **Relleno rápido** detecte un patrón y rellene correctamente las celdas.

Después de completar la primera línea de la tabla, nos posicionamos en una celda vacía de la columna que queremos que Excel nos rellene de forma automática y seleccionamos la herramienta de **"Relleno rápido"**. Le encontraremos en Inicio → Edición →Rellenar → Relleno rápido

El resultado es:

B	C	D	E
Nombre completo/puesto	Apellido	Nombre	Puesto
Wu Tammy; Administrativo	Wu	Tammy	Administrativo
Bates Lisa; Administrativo	Bates		
Gonzales Joe; Administrativo	Gonzales		
Hodge Alex; Contabilidad	Hodge		
Melendez Jaime; Diseño	Melendez		
Gorton Hazel; Aux. Diseño	Gorton		
Bell Tom; Aux. Contable	Bell		
Boughton Frank; Aux. Diseño	Boughton		

Vamos a obtener el mismo resultado con la combinación de teclas **CTRL+SHIFT+E**.

Tenemos que repetir este paso para cada columna que queremos completar. No podemos seleccionar a la vez dos celdas y aplicar la opción de **Relleno rápido**.

B	C	D	E	F
Nombre completo/puesto	Apellido	Nombre	Puesto	
Wu Tammy; Administrativo	Wu	Tammy	Administrativo	
Bates Lisa; Administrativo	Bates	Lisa	Administrativo	
Gonzales Joe; Administrativo	Gonzales	Joe	Administrativo	
Hodge Alex; Contabilidad	Hodge	Alex	Contabilidad	
Melendez Jaime; Diseño	Melendez	Jaime	Diseño	
Gorton Hazel; Aux. Diseño	Gorton	Aux	Aux. Diseño	
Bell Tom; Aux. Contable	Bell	Aux	Aux. Contable	
Boughton Frank; Aux. Diseño	Boughton	Aux	Aux. Diseño	

Podemos utilizar la misma herramienta para hacer el proceso al revés, el de concatenar varias columnas en una sola.

Partimos de esta tabla:

B	C	D	E
Apellido	Nombre	Categoría	Nombre completo/categoría
Gorton	Hazel	Auxiliar Contable	Hazel, Gorton; Auxiliar Contable
Preston	Liza	Ing. Mecánico	
Tercan	Robert	Aux. Admin. Unidad	
Smith	Howard	Aux. Diseño	
Albert	Maxine	Aux. Admin. Unidad	
Gonzales	Joe	Director Unidad	
Scote	Gail	Especialista Diseño	

12

Si queremos que el resultado final sea (por ejemplo): Columna C, Columna B; Columna D solo necesitamos completar la primera línea de la columna E, respetando este formato, y pulsando la combinación de teclas **CTRL + Shift + E**, Excel nos rellena de forma automática el resto de las celdas de la columna E, respetando la misma regla.

B	C	D	E
Apellido	**Nombre**	**Categoría**	**Nombre completo/categoría**
Gorton	Hazel	Auxiliar Contable	Hazel, Gorton; Auxiliar Contable
Preston	Liza	Ing. Mecánico	Liza, Preston; Ing Mecánico
Tercan	Robert	Aux. Admin. Unidad	Robert, Tercan; Aux Admin Unidad
Smith	Howard	Aux. Diseño	Howard, Smith; Aux Diseño
Albert	Maxine	Aux. Admin. Unidad	Maxine, Albert; Aux Admin Unidad
Gonzales	Joe	Director Unidad	Joe, Gonzales; Director Unidad
Scote	Gail	Especialista Diseño	Gail, Scote; Especialista Diseño
Mann	Alyssa	Ing. Mecánico	Alyssa, Mann; Ing Mecánico
Kane	Sheryl	Aux. Diseño	Sheryl, Kane; Aux Diseño
McKormick	Brad	Ingeniero Jefe	Brad, McKormick; Ingeniero Jefe
Hapsbuch	Kendrick	Aux. Administrativo	Kendrick, Hapsbuch; Aux Administra
Price	Ellen	Aux. Administrativo	Ellen, Price; Aux Administrativo
Foss	Felix	Investigador	Felix, Foss; Investigador
Henders	Mark	Auxiliar Contable	Mark, Henders; Auxiliar Contable

6. Repetir la última acción

Excel nos permite repetir una última acción sencilla que hicimos solo con presionar la combinación de teclas **CTRL + Y, F4 o Fn + F4** (para los teclados pequeños hay que utilizar el F4 en combinación con la tecla Fn).

Para ver un ejemplo, hemos establecido un color de fondo verde a la celda C2. Queremos aplicar la misma acción a las distintas celdas.

	A	B	C	D	E	F	G
		Uds/provincia	Burgos	Madrid	Valencia	Murcia	Ventas
1	Ropa						
2	Pantalones	40	52	60	61	58	9240
3	Camiseta MC	80	25	26	21	18	7200
4	Camiseta ML	45	26	28	25	25	4680
5	Sudadera	50	30	31	31	29	6050
6	Chaleco	18	38	40	45	30	2754
7	Cazadora	25	70	80	75	70	7375

Utilizando la tecla **CTRL** seleccionamos primero las celdas donde queremos repetir la última acción y después simplemente presionamos una de las combinaciones de teclas **CTRL + Y** o **Fn + F4**. Ya lo tenemos.

▲	A	B	C	D	E	F	G
		Uds/provincia	Burgos	Madrid	Valencia	Murcia	Ventas
1	Ropa						
2	Pantalones	40	52	60	61	58	9240
3	Camiseta MC	80	25	26	21	18	7200
4	Camiseta ML	45	26	28	25	25	4680
5	Sudadera	50	30	31	31	29	6050
6	Chaleco	18	38	40	45	30	2754
7	Cazadora	25	70	80	75	70	7375

Es verdad que con la herramienta "Copiar Formato" podemos hacer lo mismo, pero deberíamos estar haciendo un clic en la brocha y otro en la celda destino cada vez que queremos repetir el formato. O hacer el truco que aprendimos en el punto.3 (doble clic en Copiar Formato).

7. Resaltar la fila/columna activa de una tabla

Cuando trabajamos con hojas de cálculos grandes, con muchos datos, a veces nos perdemos entre las líneas y columnas y no sabemos si las celdas seleccionadas son las que queremos analizar. Para saber exactamente dónde estamos en cada momento, podemos configurar que Excel nos resalte en otro color toda la fila y/o la columna activa. Evidentemente, esta selección se cambiará cada vez que cambiemos de celda.

Vamos a utilizar el formato condicional. Los pasos son:

1. Seleccionamos toda la hoja de cálculo:

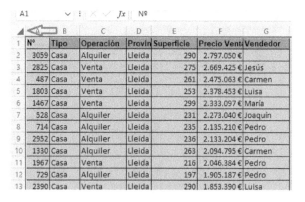

2. Vamos a Inicio →Formato condicional →Nueva regla

3. En la pestaña *"Seleccionar un tipo de regla"* marcamos la última opción **"Utilice una fórmula que determine las celdas para aplicar formato"** y en el campo *"Dar formato a los valores donde esta fórmula sea verdadera"* escribimos la siguiente fórmula:

=Celda("fila")=Fila()

4. Después de escribir la formula, nos vamos a **Formato...** para elegir como queremos ver las filas/columnas activas. Por ejemplo, en la pestaña "Relleno" elegimos el color rosa claro. Damos **Aceptar**.

5. Damos otra vez **Aceptar** en el cuadro de formato condicional.

Dependiendo de donde estaba el cursor vemos que se nos resalta la fila entera. Parece que la fórmula funciona...a medias.

N°	Tipo	Operación	Provin	Superficie	Precio Vent	Vendedor
3059	Casa	Alquiler	Lleida	290	2.797.050 €	
2825	Casa	Venta	Lleida	275	2.669.425 €	Jesús
487	Casa	Venta	Lleida	261	2.475.063 €	Carmen
1803	Casa	Venta	Lleida	253	2.378.453 €	Luisa
1467	Casa	Venta	Lleida	299	2.333.097 €	María
528	Casa	Alquiler	Lleida	231	2.273.040 €	Joaquín
714	Casa	Alquiler	Lleida	235	2.135.210 €	Pedro
2952	Casa	Alquiler	Lleida	236	2.133.204 €	Pedro
1330	Casa	Alquiler	Lleida	263	2.094.795 €	Carmen
1967	Casa	Venta	Lleida	216	2.046.384 €	Pedro
729	Casa	Alquiler	Lleida	197	1.905.187 €	Pedro
2390	Casa	Venta	Lleida	290	1.853.390 €	Luisa

Si seleccionamos cualquier otra celda vemos que no se resalta automáticamente la fila que la contiene, como quisiéramos salvo que actualicemos la hoja de cálculo (con **F9** o **CTRL + F5**). Para no estar actualizando la hoja con cada nueva selección de celda que hagamos, vamos a hacer una pequeña modificación en el código de la hoja y con esto le vamos a decir a Excel que haga esta actualización de forma automática.

Para ello vamos al menú Programador →Visual Basic

Si no encontramos el menú Programador, lo podemos añadir yendo a **Archivo → Opciones → Personalizar cinta de opciones** y en la ventana de la derecha marcamos el tic de la pestaña Programador. Damos **Aceptar** y ya tenemos el menú Programador disponible en nuestra configuración.

Tal como decíamos antes, del menú Programador seleccionamos el comando Visual Basic. Se nos abre el Microsoft Visual Basic para Aplicaciones.

A la izquierda vemos las hojas de cálculo que tenemos abiertas.

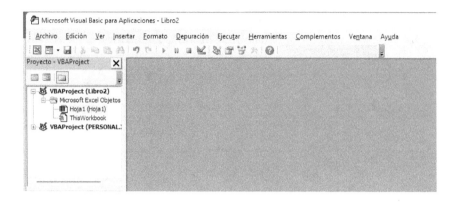

Hacemos doble clic sobre la hoja donde tenemos la tabla (en este caso el la Hoja 1) y en la parte derecha se abre la ventana de código para la Hoja 1.

Para conseguir que la hoja se actualice se forma automática, tenemos que hacer una modificación al código que vemos en pantalla. Vamos a añadir la siguiente línea de código dentro de la instrucción:

Target. Calculate (si no funciona intenta poner en cambio **Application.Calculate**)

Cerramos o minimizamos el Visual Basic y podemos comprobar que cada vez que seleccionamos una celda se resalta, de forma automática, la línea que a contiene y ya no hace falta refrescar la hoja de cálculo para actualizar la fórmula.

	N°	Tipo	Operación	Provin	Superficie	Precio Venta	Vendedor
1	N°	Tipo	Operación	Provin	Superficie	Precio Venta	Vendedor
2	3059	Casa	Alquiler	Lleida	290	2.797.050 €	
3	2825	Casa	Venta	Lleida	275	2.669.425 €	Jesús
4	487	Casa	Venta	Lleida	261	2.475.063 €	Carmen
5	1803	Casa	Venta	Lleida	253	2.378.453 €	Luisa
6	1467	Casa	Venta	Lleida	299	2.333.097 €	María
7	528	Casa	Alquiler	Lleida	231	2.273.040 €	Joaquín
8	714	Casa	Alquiler	Lleida	235	2.135.210 €	Pedro
9	2952	Casa	Alquiler	Lleida	236	2.133.204 €	Pedro
10	1330	Casa	Alquiler	Lleida	263	2.094.795 €	Carmen
11	1967	Casa	Venta	Lleida	216	2.046.384 €	Pedro
12	729	Casa	Alquiler	Lleida	197	1.905.187 €	Pedro
13	2390	Casa	Venta	Lleida	290	1.853.390 €	Luisa

Para resaltar la columna y /o la fila y columna de a celda seleccionada hay que seguir los mismos pasos y solo cambiar la formula del formato condicional.

- **Para resaltar la columna entera** la fórmula es: **=CELDA("Columna")=Columna()**

- Para resaltar tanto la fila activa como la columna, la fórmula es un poco más complicada, pero al final es una combinación de las fórmulas anteriores:

=O(Celda("fila")=fila();Celda("Columna")=Columna())

El resultado es:

	A	B	C	D	E	F	G
1	Nº	Tipo	Operación	Provincia	Superficie	Precio Vent	Vendedor
2	3059	Casa	Alquiler	Lleida	290	2.797.050 €	
3	2825	Casa	Venta	Lleida	275	2.669.425 €	Jesús
4	487	Casa	Venta	Lleida	261	2.475.063 €	Carmen
5	1803	Casa	Venta	Lleida	253	2.378.453 €	Luisa
6	1467	Casa	Venta	Lleida	299	2.333.097 €	Maria
7	528	Casa	Alquiler	Lleida	231	2.273.040 €	Joaquín
8	714	Casa	Alquiler	Lleida	235	2.135.210 €	Pedro
9	2952	Casa	Alquiler	Lleida	236	2.133.204 €	Pedro
10	1330	Casa	Alquiler	Lleida	263	2.094.795 €	Carmen
11	1967	Casa	Venta	Lleida	216	2.046.384 €	Pedro
12	729	Casa	Alquiler	Lleida	197	1.905.187 €	Pedro
13	2390	Casa	Venta	Lleida	290	1.853.390 €	Luisa
14	1348	Casa	Venta	Lleida	201	1.850.004 €	Joaquín
15	150	Casa	Alquiler	Lleida	212	1.800.516 €	Jesús
16	1319	Casa	Alquiler	Lleida	281	1.727.588 €	Luisa
17	550	Casa	Alquiler	Lleida	275	1.711.325 €	Luisa

Dependiendo de nuestra necesidad, podemos utilizar la fórmula para resaltar la línea activa, la columna activa o tanto la línea como la columna.

8. Opción "Justificar"

Si en una celda tenemos un texto largo que queremos escribir en varias líneas, no tiene sentido hacer esta operación de forma manual con cortar/pegar.

Primero seleccionamos la zona de la hoja Excel donde queremos que aparezca el texto y nos dirigimos a Inicio → Rellenar →Justificar.

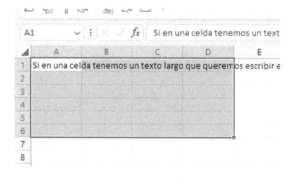

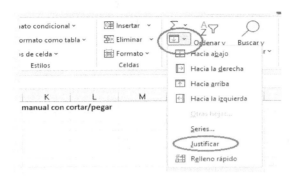

Como resultado, Excel ha repartido el texto de forma automática en el espacio preseleccionado.

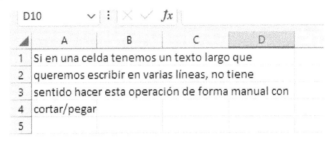

9. Repetir encabezado en los informes

De forma predeterminada, en Excel, un informe impreso tendría la fila del encabezado solo en la parte superior de la primera página impresa. Esto puede ser muy molesto cuando trabajamos con informes grandes de muchas páginas.

Para hacer que los encabezados se repiten en cada página impresa del informe hay que seguir los siguientes pasos:

1. En el menú "**Disposición de página**", hacemos clic en el selector del cuadro de diálogo (la pequeña flecha inclinada)

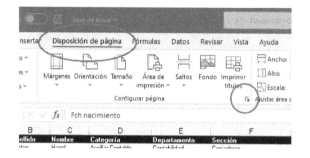

2. Se abre el cuadro de diálogo **"Configuración de página"**, y nos vamos a la pestaña "Hoja"

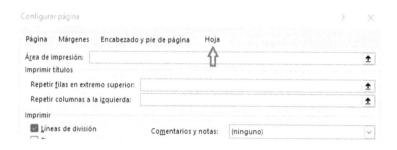

3. En el campo *"Repetir filas en extremo superior"* hacemos clic en la flecha para seleccionar la línea que queremos que aparezca en todas las páginas:

4. Seleccionamos la línea del encabezado y volvemos a **"Configurar página"**.

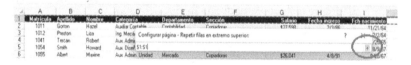

5. Hacemos clic en **"Aceptar"**.

Ya lo tenemos. Ahora, cuando vamos a imprimir la tabla, notaremos que el encabezado de la fila superior se repite en cada página. Podemos seleccionar varias filas para congelar, lo único, tienen que ser filas contiguas (o seguidas).

10. Opción transponer

En Excel, transponer significa girar una tabla, de tal forma que las columnas se convierten en líneas y viceversa.

Por ejemplo, tenemos la tabla de abajo, con 6 ciudades en filas y los 4 trimestres en columnas.

Ciudad	Q1	Q2	Q3	Q4
Burgos	82	70	4	83
Briviesca	100	94	42	25
Miranda	58	3	73	65
Pamplona	66	54	44	69
Valladolid	31	68	95	0
Aranda	93	51	80	33

Queremos obtener una tabla con las mismas ciudades en columnas y los trimestres en filas.

Para ello, primero seleccionamos la tabla y con botón derecho pinchamos en **"Copiar"**

Después, nos posicionamos en la celda donde queremos pegar la tabla y con botón derecho pinchamos esta vez en **"Pegado especial".**

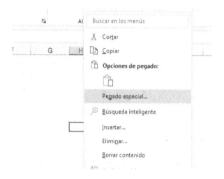

Como resultado, se nos abre un cuadro de diálogo **"Pegado especial"** y aquí seleccionamos la opción **"Transponer".** Damos **"Aceptar".**

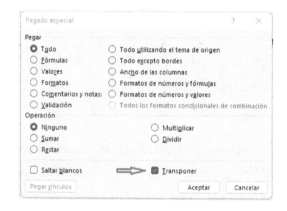

El resultado de estas acciones es:

Ciudad	Burgos	Briviesca	Miranda	Pamplona	Valladolid	Aranda
Q1	82	100	58	66	31	93
Q2	70	94	3	54	68	51
Q3	4	42	73	44	95	80
Q4	83	25	65	69	0	33

Así de fácil. Además, si los datos incluyen fórmulas, Excel las actualiza de forma automática para que coincidan con la nueva ubicación.

11. Celdas en blanco (blank cells)

Es muy recomendable que en las tablas/informes de Excel no se dejen celdas en blanco porque no se sabe si se debe a un error, se ha borrado el dato o es correcto así. Vamos a poner un valor neutro en estas celdas, por ejemplo 0.

Primero seleccionamos la tabla. Después vamos a Inicio →Buscar y seleccionar→Ir a Especial. Se nos abre el siguiente cuadro de diálogo:

Seleccionamos **"Celdas en blanco"** y hacemos clic en **"Aceptar"**. Excel ha seleccionadas todas las celdas en blanco.

3	Ropa	Burgos	Madriad	Valencia	Murcia
4	Pantalones	82	70	4	83
5	Camiseta MC			42	25
6	Camiseta ML	58		73	65
7	Sudadera	66	54	44	69
8	Chaleco		68		
9	Cazadora	93	51	80	

Escribimos 0 y pulsamos **CTRL + Enter** para insertar este valor en todas las celdas preseleccionadas.

3	Ropa	Burgos	Madriad	Valencia	Murcia
4	Pantalones	82	70	4	83
5	Camiseta MC	0	0	42	25
6	Camiseta ML	58	0	73	65
7	Sudadera	66	54	44	69
8	Chaleco	0	68	0	0
9	Cazadora	93	51	80	0

12. Buscar objetivo

La función de buscar objetivo es una herramienta de análisis hipotético integrada de Excel que muestra cómo un valor en una fórmula afecta a otro. Precisamente, determina qué valor debe tener en una celda de entrada para obtener el resultado deseado en una celda de fórmula.

Por ejemplo, tenemos los siguientes datos:

B	C	D	E	F	G
Producto	Precio	Margen	Uds vendidas	Total ventas	Total ventas deseada
Cabina grúa Liebherr	10.000,00 €	15%	385	4.427.500,00 €	5.000.000,00 €

Para obtener el valor de la celda F, hemos aplicado la formula: =C2*(D2+1)*E2, es decir,   Total ventas = precio * (1 + margen) * uds vendidas. Nos sale un valor de 4.427.500 euros.

Ahora bien, supongamos que nuestro objetivo de ventas de este año es de 5.000.000 euros. *¿Cuánto tendría que ser el margen para cumplir el objetivo de ventas?* Podemos ir probando, cambiando el valor de la columna D hasta llegar a 5.000.000 o aplicar la función **"Buscar objetivo"** y Excel nos da el número de forma automática.

Para aplicar esta fórmula, vamos a ir a Datos → Análisis de hipótesis→Buscar Objetivo.

Se abre el siguiente cuadro de dialogo:

Buscar objetivo	?	✕
Definir la celda:	F2	⬆
Con el valor:	5000000	
Cambiando la celda:	D2|	⬆
	Aceptar	Cancelar

Lo vamos a completar de esta forma:

- Definir la celda – la celda que contiene la formula (F2).
- Con el valor – el valor que queremos obtener (5.000.000).
- Cambiando la celda – la celda con el valor que queremos ajustar para llegar al objetivo final de 5.000.000. (D2)

Hacemos clic en **"Aceptar"** y se abre otro cuadro de dialogo "**Estado de la búsqueda de objetivo**" que nos avisa de si ha encontrado una solución o no. En caso afirmativo, el valor de la celda que hemos buscado ajustar, cambia al valor obtenido (comprobamos que el valor de la celda D2c cambia del 15% al 30%). Podemos dar **"Aceptar"** para guardar el valor obtenido o **"Cancelar"** para volver a los valores iniciales.

	C	D	E	F	G
	Precio	Margen	Uds vendidas	Total ventas	Total ventas deseada
r	10.000,00 €	30%	385	5.000.000,00 €	5.000.000,00 €

Estado de la búsqueda de objetivo	?	✕
La búsqueda con la celda F2 ha encontrado una solución.	Paso a paso	
Valor del objetivo: 5000000	Pausa	
Valor actual: 5.000.000,00 €		
	Aceptar	Cancelar

En este ejemplo hemos buscado ajustar el valor del margen, pero podemos hacer este ejercicio con cada una de las variables que componen la formula (precio, margen y cantidades vendidas).

En conclusión, podemos llegar a unas ventas de 5.000.000 euros si se cumpla **una** de las siguientes condiciones:

- Se incrementa el margen del 15% al 30%;
- Se incrementa el precio de venta de 10.000 euros a 11.293,05 euros **o**
- Se venden 435 unidades en vez de 385 unidades.

La función de "Buscar Objetivo" puede procesar solo un valor de entrada a la vez. Si queremos trabajar en un modelo de negocio avanzado con múltiples valores de entrada, hay de utilizar el complemento Solver para encontrar la solución óptima. A este complemento le vamos a dedicar una guía completa con muchos ejemplos prácticos.

13. Auditoria de fórmulas

Si recibimos un documento Excel o simplemente no nos acordamos de las fórmulas que hemos utilizado en un informe, podemos utilizar la característica **"Auditoria de fórmulas"**. Es una herramienta completa que nos permite entender mejor cómo funcionan las fórmulas, además de poder detectar errores y corregirlos.

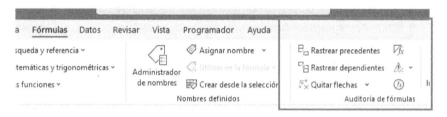

Vamos a explicar las opciones que ofrece:

- *Rastrear precedentes* – las flechas indican qué celdas se usaron para llegar a este valor.

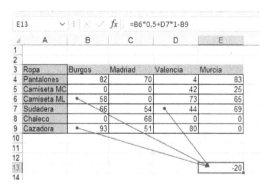

- *Rastrear dependientes* – las flechas indican las celdas que se ven afectadas el valor de la celda selecciona, de manera directa o indirecta:

28

	enero	febrero	marzo	abril	mayo	junio	julio	agosto	septiembre	octubre	noviembre	diciembre	TOTAL
Burgos	82	70	4	83	66	66	5	36	56	52	2	14	536
Briviesca	100	94	42	25	92	56	34	86	44	78	94	97	842
Miranda	58	3	73	65	65	77	13	92	56	9	61	64	646
Pamplona	66	54	44	69	12	29	50	21	54	19	60	67	545
Valladolid	31	68	95	0	1	53	33	84	26	71	81	36	579
Aranda	93	51	80	33	50	78	94	74	96	24	72	9	754
TOTAL	430	340	338	275	286	359	229	383	332	253	390	287	3902

- **Quitar flechas** – podemos quitar todas las flechas o solo la de los precedentes o dependientes;

- **Mostrar formulas** – en todas las celdas que contienen formulas aparecen la fórmulas y no el valor de estas:

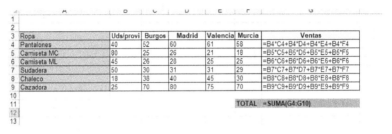

Para retroceder pinchamos otra vez la opción **Mostrar formula.**

- **Comprobación de errores** – si utilizamos una formula y nos sale un error, esta opción es muy útil para averiguar cuál es el problema.

Primero vamos a la celda con el error y seleccionamos **Comprobación de errores**. Se abre un cuadro de dialogo con varias opciones que podemos usar, nos muestra la fórmula o función utilizada y también el motivo del error.

Como ejemplo, he intentado sumas un valor numérico con una celda tipo texto.

Si hacemos clic en **Mostrar pasos de cálculo,** Excel nos muestra el cálculo que intenta hacer de sumar el valor 37299 con Chaleco que evidente es imposible.

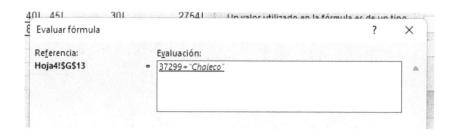

- **Evaluar formula** - nos permite calcular el total de una fórmula obteniendo el resultado de cada una de sus partes paso a paso. Esto nos ayudará a detectar fácilmente cualquier problema en nuestras fórmulas.

14. Gráficos miniatura (sparkline)

Una forma de mejorar visualmente nuestros informes de Excel es añadir, dentro de las celdas, pequeñas graficas llamadas "sparklines". El beneficio clave de usarlos en nuestra hoja de trabajo es que son compactos y no ocupan mucho espacio. Los mini gráficos son ideales para situaciones en las que se necesita una descripción general clara de los datos de un vistazo y cuando no se necesitan todas las funciones de un gráfico completo. Es simplemente otra excelente manera de analizar datos en Excel.

Tenemos una tabla con ventas en unidades y por meses, de un artículo, en varias cuidades de Castilla y León.

	A	B	C	D	E	F	G	H	I	J	K	L	M
1													
2		enero	febrero	marzo	abril	mayo	junio	julio	agosto	septiembre	octubre	noviembre	diciembre
3	Burgos	82	70	4	83	66	66	5	36	56	52	2	14
4	Briviesca	100	94	42	25	92	56	34	86	44	78	94	97
5	Miranda	58	3	73	65	65	77	13	82	56	9	81	64
6	Pamplona	66	54	44	69	12	29	50	21	54	19	60	67
7	Valladolid	31	68	95	0	1	53	33	84	26	71	81	36
8	Aranda	93	51	80	33	50	78	94	74	96	24	72	9
9	TOTAL	430	340	338	275	286	359	229	383	332	253	390	287

Si nos interesa analizar de forma rápida como han ido cambiando las ventas por meses, podemos utilizar esta herramienta genial que nos ofrece Excel.

Para insertar un gráfico en miniatura seleccionamos Insertar →Mini gráficos→Líneas/ Columnas/Pérdidas y ganancias (elegimos entre cualquiera de las tres opciones dependiendo de cómo queremos que se muestren los datos)

En el siguiente cuadro de dialogo seleccionamos el rango de datos (B3 hasta M3) y la ubicación de la celda donde queremos ver el grafico (N3). Pulsamos **"Aceptar"**.

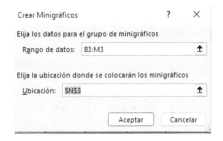

El resultado es:

mbr	octubre	noviembre	diciembre	Tendencia
5	52	2	14	
4	78	94	97	
5	9	81	64	
4	19	60	67	

Para generar un mini gráfico para todas las filas de la tabla, simplemente arrastramos la celda N3 hacia abajo tal como haríamos con una formula.

Una vez que insertemos un sparkline, en la barra de opciones de Excel se nos abre el menú **"Minigráfico "** que nos ayuda personalizar nuestro gráfico.

Antes de comenzar a personalizar nuestros minigráficos, debo mencionar que cuando se crea un rango de minigráficos, Excel los coloca en un grupo. Como resultado, no es necesario resaltar todos los minigráficos cuando queremos modificarlos. Cambiando uno se cambiarán todos. Sin embargo, si queremos desagrupar los minigráficos para tratarlos de manera individual, podemos hacerlo con el comando Minigráfico → Grupo →Desagrupar.

Podemos hacer muchas modificaciones a nuestros gráficos miniatura: les podemos hacer más grandes cambiando el tamaño de las celdas y columnas, podemos cambiar entre los tipos de minigráficos existentes, marcar los puntos bajos, altos y negativos, tal como el primer punto o el último. También podemos añadir en la gráfica todos los puntos de inflexión, podemos cambiar el estilo, el color o los ejes.

15. Gráficos sin graficas (formato Stencil y Playbill)

Vamos a ver cómo podemos insertar un gráfico en Excel sin utilizar la opción de gráficos. Aunque suena un poco raro, os aseguro es que muy fácil.

En la tabla de abajo, queremos representar de manera visual las ventas totales de una fábrica, en las regiones de España.

Utilizamos la formula **Repetir ("|";B2)**. En mi teclado, el símbolo "|" lo puedo añadir presionando la combinación de teclas **Alt Gr + 1**. También se puede insertar como símbolo (Insertar → Símbolo → Más símbolos – si no aparece en el pequeño listado de símbolos más utilizados)

Con la formula *Repetir*, prácticamente le decimos a Excel que nos repita el símbolo |, las veces que marca el segundo argumento, que en este caso son los valores de las ventas totales (columna B).

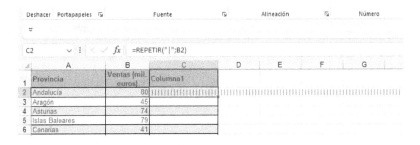

La función nos devuelte el resultado:

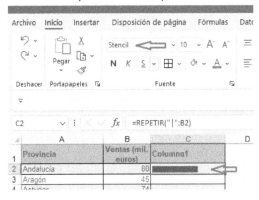

Evidentemente no es lo que queremos, pero nos queda un último paso por hacer y este es cambiar el formato de los datos de la celda C2 a **Stencil** o **Playbill**. Una vez que lo hagamos, las barras se convierten en columnas tipo gráfico, una forma muy visual de interpretar los datos de venta.

Arrastramos la fórmula para completar todas las celdas de la columna C. Podemos cambiar las dimensiones y el color de las barras. También

33

podríamos aplicar un formato condicional para que las barras tengan otros colores en función de los rangos de ventas.

Evidentemente, siendo una formula, si actualizamos los valores de la columna B, las gráficas se actualizarán forma automática.

16. Grabar y ejecutar una acción macro

Mediante el uso de macros podemos automatizar tareas repetitivas asociadas a la manipulación de datos, reducir de la tasa de errores y el tiempo de trabajo al acelerar algunos procesos.

Cuando se crea una macro, Excel lo que hace es grabar todos los clics del ratón o las pulsaciones de las teclas que realizamos durante el proceso y es esto lo que luego repetirá.

Para crea una macro, vamos a Vista → Macros →Grabar macro.

Se nos abre el siguiente cuadro de diálogo:

Primero tenemos que asignar un nombre a nuestro macro y un acceso directo si queremos. Elegimos donde guardamos nuestra macro (que puede ser en este libro, en un libro nuevo o en un libro de macros especial que es como una colección de macros) y añadimos una breve descripción. Cuando lo tenemos, pulsamos **"Aceptar"** para empezar a grabar la macro.

Ahora vamos a hacer las acciones que queremos que se repitan una vez que lancemos la macro.

Hay que tener cuidado de no hacer ninguna acción innecesaria, por eso es buena idea que tengamos muy claro lo que vamos a hacer desde antes de comenzar a grabar.

En este caso las acciones han sido:

1. Seleccionar encabezado;
2. Fuente: Comic Sans Ms;
3. Tamaño: 12;
4. Alinear en el medio;
5. Fuente negrita;
6. Fondo amarillo.

Cuando no queremos añadir más acciones seleccionamos **"Detener acción"**.

Esta macro es especialmente útil cuando trabajamos con muchos informes que queremos que tengan el mismo formato de encabezado. No hace falta recordar cómo era la fuente, el tamaño o el color de fondo, con solo aplicar la macro vamos a obtener siempre el mismo resultado.

Después de haber grabado la macro, podemos ejecutarla mediante la combinación de teclas que le hemos indicado cuando la creamos o seleccionándola de la ventana de Macros.

Para ello vamos a **Vista → Macros → Ver Macros** o en Programador →Macros y tras seleccionarla pulsamos el botón **"Ejecutar"**.

¡OJO! Todo lo que sea realizado con macros, no puede deshacerse con **CTRL + Z**. Es aconsejable que siempre que trabajemos con macros sobre un archivo, hagamos una copia de seguridad del mismo. Así nos evitaremos sorpresas desagradables durante las pruebas.

También es muy recomendable crear **macros pequeñas y centradas** en automatizar tareas específicas (las macros grandes son difíciles de depurar cuando algo sale mal). Además, cuanto más larga es una macro, más aumenta la probabilidad de cometer un error cuando la grabamos.

17. Insertar la fecha y hora actuales en una celda

Si necesitamos insertar la fecha y hora actuales en Excel, el programa cuenta con varias maneras de conseguirlo. De esta manera vamos a lograr añadir fechas estáticas, pero también dinámicas.

Comenzamos seleccionando la celda a la que deseas agregar esta información. Para añadir:

➢ **Fechas estáticas** (no cambia cuando la hoja de cálculo se abre o se actualiza):

   ▪ Para insertar fecha actual utilizamos la combinación: **CTRL + ;** (punto y coma);

   ▪ Para insertar hora actual utilizamos la combinación **CTRL + SHIFT + .** (punto)

31/10/2022
16:05

- Para insertar la fecha y hora actuales: **CTRL+ ;** (punto y coma), después **ESPACIO** y, **CTRL + SHIFT +.** (punto).

31/10/2022 16:07

- **Fechas dinámicas** (se actualizan cuando se vuelve a calcular la hoja de cálculo o se abre el libro).

Para insertar la fecha u hora actuales y que sean actualizables utilizamos las funciones **HOY ()** y **AHORA()**. Lo datos de la fecha y la hora se toman del reloj del ordenador.

=HOY()   31/10/2022
=AHORA()   31/10/2022 16:17

Para cambiar el formato de fecha u hora, hacemos clic con el botón derecho en la celda con la fecha/hora y seleccionamos **Formato de celdas.**

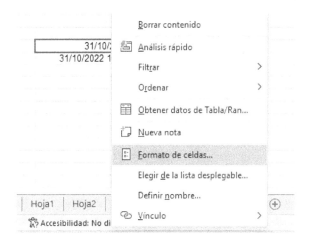

A continuación, en el cuadro de diálogo **"Formato de celdas"**, en la pestaña **"Número"**, seleccionamos la categoría **"Fecha"**, elegimos el formato que más nos gusta y damos **"Aceptar"**.

18. Inmovilizar paneles (filas y columnas)

La opción **Inmovilizar paneles** permite mantener visibles ciertas filas y columnas mientras nos desplazamos a través del documento.

Si queremos inmovilizar solo una fila o solo una columna, vamos a **Vista →Inmovilizar →Inmovilizar fila superior/Inmovilizar primera columna**

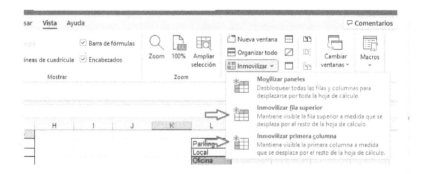

Excel agrega automáticamente en la hoja de cálculo una línea horizontal fina de color gris, como ayuda visual para marcar la fila y columna inmovilizadas. Si nos desplazamos abajo en la hoja notaremos que se mantiene en el encabezado. Lo mismo, si congelamos la primera columna y nos desplazamos lateralmente (derecha / izquierda), notaremos que la columna A permanece congelada, es decir, no cambia.

Tenemos también la opción de inmovilizar varias columnas, varias filas o varias columnas y filas a la vez, *siempre y cuando se encuentren en las primeras posiciones*. Para hacerlo, tenemos la opción de Inmovilizar paneles, pero previamente tenemos que dejar seleccionada en la primera celda que se va a mover, una vez congeladas la líneas y columnas. Es decir, debemos colocarnos con el ratón en la fila inmediatamente inferior a la que queremos inmovilizar y a la derecha de la última columna que queremos inmovilizar.

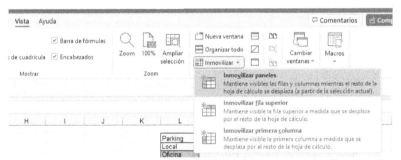

Por ejemplo, si queremos congelar las columnas A y B y a la vez la fila 1 (marcadas en gris), la primera celda que se va a mover una vez que nos desplacemos por la hoja es la celda C2. Entonces no situamos en la celda C2 y vamos a **Vista → Inmovilizar →Inmovilizar Paneles**.

	A	B	C	D	E	F	G
1	Nº	Operación	Provincia	Superficie	Precio Venta	Vendedor	Tipo
2	1	Alquiler	Lleida	291	2.133.903 €	Carmen	Local
3	2	Venta	Bugos	199	1.945.424 €	Pedro	
4	3	Alquiler	Girona	82	712.416 €	Joaquín	
5	4	Alquiler	Madrid	285	1.815.450 €	Jesús	
6	5	Venta	Cadiz	152	1.138.024 €	María	
7	6	Alquiler	Bugos	131	953.156 €	Pedro	

En este momento aparecen las 2 líneas gris que separan la zona congelada y nos podemos mover por la hoja.

39

Para quitar el inmovilizado de los paneles, seleccionamos la opción **"Movilizar paneles"** :

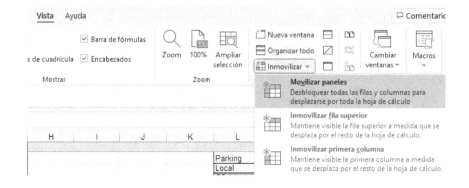

19. Agregar notas y comentarios a una celda

Primero vamos a ver cuál es la diferencia entre una nota y un comentario en Excel.

Las notas eran conocidas en las versiones anteriores de Excel como "comentarios" y se caracterizan por no tener la opción para responder. Las notas sólo sirven para hacer apuntes sobre el contenido de una celda (como un post-it).

En cambio, *los comentarios* en Excel 365 son notas encadenadas que nos permiten tener conversaciones con otras personas en hilo, dentro del Excel. Todos los usuarios que tienen acceso al documento pueden leer los comentarios y responder…para todos los comentarios veremos quién es el autor y en qué momento se ha añadido. Los comentarios son extremadamente útiles para entornos de equipo.

En Excel, podemos añadir fácilmente un comentario o nota en cualquier celda haciendo clic con el botón derecho y seleccionar *Nuevo comentario/Nueva nota.*

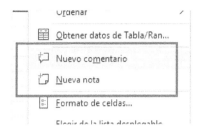

Por ejemplo, en la celda B3 he añadido el siguiente comentario. Vemos que aparece la persona quien lo ha escrito, la fecha, la hora y la celda en la cual se ha añadido.

Podemos editar el comentario, eliminarlo o resolver el hilo.

Una celda que contiene un comentario tiene como marca una forma de color morado (una combinación entre el rectángulo de un comentario y el triángulo de las notas).

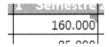

Para ver los comentarios tenemos que mantener el cursor sobre la celda que lo contiene.

Si queremos ver un listado con todos los comentarios que hay en la hoja, nos dirigimos a Revisar →Comentarios →Mostrar comentarios y a la derecha se nos abre un listado con todos los comentarios que hay en la hoja de cálculo:

Si en cambio queremos añadir una nota, nos situamos en la celda y con botón derecho seleccionamos **"Nueva nota"**. Las celdas que contienen notas añadidas tienen la marca del triángulo rojo.

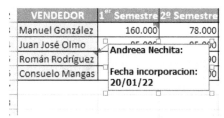

Podemos elegir entre que la nota sea visible siempre o solo cuando nos situamos con el cursor por encima de la celda.

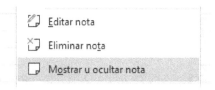

Para ver todas las notas de un libro Excel (independientemente de si son visible o no), vamos a Revisar → Notas → Mostrar todas las notas.

Para imprimir el libro Excel con todos los comentarios y notas que contiene, vamos a Disposición de página → Configurar página → cuadradito derecha abajo (foto) → pestaña Hoja → Comentarios y notas: Al final de la hoja.

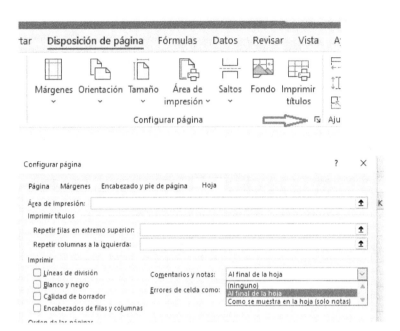

Hacemos clic en "**Vista preliminar**" y comprobamos que al final del informe vemos un listado con todos los comentarios y notas que contiene nuestra hoja Excel.

20. Identificar valores duplicados

Identificar los valores duplicados en una tabla de Excel es ampliamente útil, especialmente cuando nos encontramos trabajando con listas o bases de datos que contienen muchísima información.

Comenzamos por marcar la zona donde queremos buscar. Puede tratarse de una columna o fila entera, pero también de una zona concreta definida manualmente. Después vamos a Inicio→ Estilos→ Formato condicional → Reglas para resaltar celdas→ Valores duplicados.

Una vez que se nos abre el cuadro de diálogo **"Valores duplicados"** podremos elegir si deseamos resaltar los valores duplicados o los valores únicos. También podemos elegir el estilo que se aplicará a los valores duplicados (del desplegable o podemos construir nosotros un formato

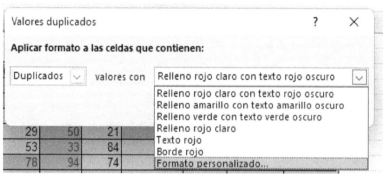

personalizado).

En la vista previa podemos observar que Excel resalta ya los datos duplicados y solo quedarán sin un color de fondo las celdas que aparecen una sola vez en la lista. Hacemos clic en "**Aceptar**".

Para obtener fácilmente la lista de valores repetidos aplicamos un filtro a la tabla. Nos vamos a **Inicio →Modificar → Ordenar y filtrar→ Filtro**.

Al hacerlo, en la celda superior de la columna aparecerá un menú desplegable desde el que se puede establecer el criterio del filtro. Hacemos clic en el filtro de la columna que nos interesa analizar y elegimos la opción "***Filtrar por color***" y en la sección "***Filtrar por color de celda***" elegimos el color de relleno de las celdas duplicadas.

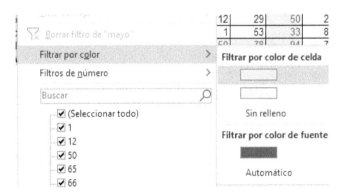

Así conseguimos que Excel muestre solo los duplicados y oculte el resto.

21. Ordenar Datos

La herramienta de "Ordenar datos" nos ofrece la posibilidad de ordenar rápidamente una columna de datos utilizando los comandos «Ordenar de A a Z y de Z a A». No obstante, debemos tener cuidado en verificar que se aplique en todo el documento y como lo necesitamos.

	A	B	C	D	E	F	G
	N°	Tipo	Operación	Provincia	Superfi	Precio Venta	Vendedor
	1	Parking	Alquiler	Lleida	291	2.133.903 €	Carmen
	2	Local	Venta	Girona	199	1.945.424 €	Pedro
	3	Oficina	Alquiler	Girona	82	712.416 €	Joaquín
	4	Parking	Alquiler	Girona	285	1.815.450 €	Jesús
	5	Suelo	Venta	Tarragona	152	1.138.024 €	María
	6	Industrial	Alquiler	Girona	131	953.156 €	Pedro
	7	Parking	Alquiler	Tarragona	69	406.686 €	Pedro
	8	Oficina	Venta	Girona	235	2.158.475 €	Jesús
0	9	Piso	Alquiler	Lleida	108	1.024.380 €	Jesús
1	10	Parking	Venta	Lleida	299	2.042.768 €	Joaquín
2	11	Oficina	Alquiler	Girona	124	627.068 €	Pedro
3	12	Industrial	Venta	Girona	187	999.328 €	Carmen

Si quisiéramos ordenar los datos por el precio de venta, de mayor a menos o al revés, simplemente nos tenemos que posicionar con el ratón en una celda de la columna "Precio Venta" y con botón derecho seleccionamos Ordenar →Ordenar de menor a mayor/Ordenar de mayor a menor.

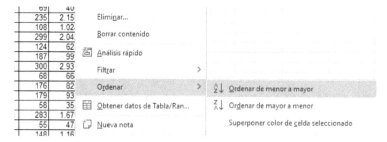

Cada uno de los precios se va a ordenar junto con los otros datos que pertenecen a la fila.

	A	B	C	D	E	F	G
1	Nº	Tipo	Operación	Provincia	Superfi	Precio Venta	Vendedor
2	2697	Oficina	Venta	Barcelona	298	2.977.318 €	
3	13	Parking	Venta	Barcelona	300	2.937.300 €	Jesús
4	873	Industrial	Alquiler	Lleida	295	2.923.155 €	Luisa
5	3289	Parking	Venta	Lleida	296	2.914.416 €	
6	2654	Piso	Alquiler	Girona	297	2.909.412 €	
7	3268	Industrial	Alquiler	Barcelona	300	2.908.500 €	
8	3126	Oficina	Venta	Tarragona	297	2.902.284 €	
9	1647	Local	Venta	Tarragona	297	2.888.325 €	Pedro
10	2731	Piso	Venta	Barcelona	294	2.885.316 €	María
11	2622	Oficina	Alquiler	Lleida	291	2.874.207 €	Jesús

Para ordenar las celdas que contienen texto tenemos que seguir los mismos pasos, nos posicionamos en una celda y con botón derecho seleccionamos la opción de Ordenar. Vemos que, en este caso, Excel ya no nos propone ordenar de menos a mayor sino de A a Z o de Z a A.

También podemos acceder a la opción de ordenar a través de la pestaña **Inicio→ Edición→ Ordenar y filtrar**

Esta es la forma más sencilla de ordenar los datos en Excel. También podemos establecer nuestros criterios de ordenar. Por ejemplo, si en una columna texto queremos establecer un orden que no es alfabético, se le podemos decir a Excel.

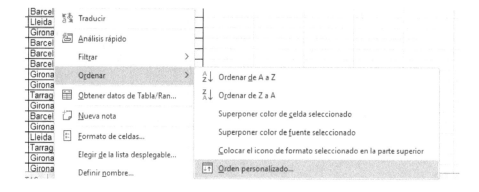

Dependiendo de lo que queremos hacer, los pasos pueden ser:

1. Eliminar el nivel preseleccionado:

2. Agregar el nivel, el este caso queremos ordenar por provincia:

➢ Establecer el criterio de ordenación; seleccionamos **"Lista personalizada.."**

➤ Definimos la lista de ordenación. Por ejemplo, queremos ver los pisos en este orden: Lleida, Tarragona, Barcelona y Girona (este orden nos es alfabético por lo cual no podríamos haber usado las opciones de ordenar de A a Z o de Z a A). Escribimos este orden en la pestaña **"Entradas de lista"**, damos **"Agregar"** (la lista se mueve a la pestaña Listas personalizadas) y **"Aceptar"**.

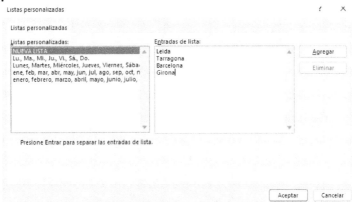

Damos otra vez Aceptar en el cuadro de dialogo inicial y podemos comprobar el resultado de la ordenación personalizada:

Nº	Tipo	Operación	Provincia	Superfi	Precio Venta	Vendedor
873	Industrial	Alquiler	Lleida	295	2.923.155 €	Luisa
3289	Parking	Venta	Lleida	296	2.914.416 €	
2622	Oficina	Alquiler	Lleida	291	2.874.207 €	Jesús
3059	Casa	Alquiler	Lleida	290	2.797.050 €	
1118	Parking	Alquiler	Lleida	293	2.741.308 €	María
1000	Parking	Venta	Lleida	300	2.707.200 €	Luisa
2577	Piso	Alquiler	Lleida	290	2.702.220 €	Carmen
1216	Piso	Alquiler	Lleida	281	2.688.046 €	Luisa
2590	Suelo	Alquiler	Lleida	273	2.682.225 €	Pedro
1980	Local	Venta	Lleida	281	2.671.748 €	Carmen
2825	Casa	Venta	Lleida	275	2.669.425 €	Jesús
1642	Industrial	Venta	Lleida	276	2.667.816 €	Joaquín
3025	Oficina	Alquiler	Lleida	293	2.662.784 €	
465	Industrial	Alquiler	Lleida	268	2.628.812 €	Pedro
1677	Industrial	Venta	Lleida	300	2.625.600 €	María
2308	Local	Alquiler	Lleida	261	2.598.516 €	Carmen
290	Local	Venta	Lleida	260	2.586.704 €	Carmen

Podemos ordenar con varios niveles, es decir ordenamos primero los datos de una columna y posteriormente, manteniendo el mismo orden, ordenamos una segunda o tercera columna. En nuestro ejemplo, hemos ordenado los datos por provincia, pero ahora queremos ordenarles también por tipo, pero sin perder la primera ordenación.

Para conseguir este resultado volvemos al cuadro de diálogo **"Ordenar"**, agregamos un nuevo nivel y seleccionamos la segunda columna de ordenación que en este caso va a ser Tipo. Podemos comprobar que se mantiene el primer nivel de ordenación con la lista personalizada que definimos anteriormente.

Damos **"Aceptar"** y vemos como se ha mantenido el primer criterio de ordenar (Columna Provincia) y a continuación se establece el siguiente orden (Columna Tipo).

	A	B	C	D	E	F	G
1	Nº	Tipo	Operación	Provincia	Superfi	Precio Venta	Vendedor
2	3059	Casa	Alquiler	Lleida	290	2.797.050 €	
3	2825	Casa	Venta	Lleida	275	2.669.425 €	Jesús
4	487	Casa	Venta	Lleida	261	2.475.063 €	Carmen
5	1803	Casa	Venta	Lleida	253	2.378.453 €	Luisa
6	1467	Casa	Venta	Lleida	299	2.333.097 €	María
7	528	Casa	Alquiler	Lleida	231	2.273.040 €	Joaquín
8	714	Casa	Alquiler	Lleida	235	2.135.210 €	Pedro
9	2952	Casa	Alquiler	Lleida	236	2.133.204 €	Pedro
10	1330	Casa	Alquiler	Lleida	263	2.094.795 €	Carmen
11	1967	Casa	Venta	Lleida	216	2.046.384 €	Pedro
12	729	Casa	Alquiler	Lleida	197	1.905.187 €	Pedro
13	2390	Casa	Venta	Lleida	290	1.853.390 €	Luisa
14	1348	Casa	Venta	Lleida	201	1.850.004 €	Joaquín
15	150	Casa	Alquiler	Lleida	212	1.800.516 €	Jesús
16	1319	Casa	Alquiler	Lleida	281	1.727.588 €	Luisa
17	550	Casa	Alquiler	Lleida	275	1.711.325 €	Luisa

Podríamos añadir un tercer nivel y ordenar el precio de Venta de mayor a menor.

22. Crear una lista desplegable

Esta opción es muy útil porque permite seleccionar datos concretos de una lista cerrada de valores, evitando así los errores típicos que se producen al introducir valores de forma manual.

Por ejemplo, tenemos un listado con varios inmuebles a la venta y queremos añadir una columna con el tipo de inmueble para que la búsqueda dentro de la tabla y la manipulación posterior sea más eficiente.

	A	B	C	D	E	F	G
1	Nº	Operación	Provincia	Superficie	Precio Venta	Vendedor	Tipo
2	1	Alquiler	Lleida	291	2.133.903 €	Carmen	
3	2	Venta	Bugos	199	1.945.424 €	Pedro	
4	3	Alquiler	Girona	82	712.416 €	Joaquín	
5	4	Alquiler	Madrid	285	1.815.450 €	Jesús	
6	5	Venta	Cadiz	152	1.138.024 €	María	
7	6	Alquiler	Bugos	131	953.156 €	Pedro	
8	7	Alquiler	Tarragona	69	406.686 €	Pedro	
9	8	Venta	Girona	235	2.158.475 €	Jesús	

En la columna *Tipo* queremos añadir uno de los siguientes valores: local, oficina, suelo, industrial, piso, casa. Lo podemos hacer de forma manual escribiendo en cada línea el tipo que le corresponde o eligiendo de una desplegable que contiene solo estos valores.

Primero nos tenemos que posicionar en la primera celda que queremos que contenga el desplegable (G2). Vamos a **Datos →Herramientas de datos →Validación de datos…**

Se abre un cuadro de dialogo **Validación de datos:**

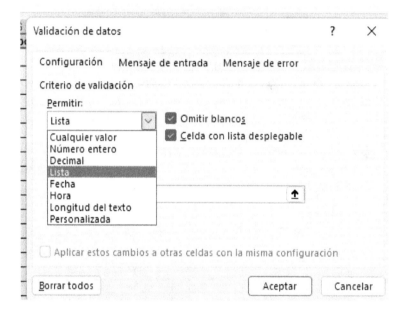

En la primera lista desplegable, **Permitir,** elegimos la opción **Lista.**

En el campo *Origen* tenemos 2 opciones.

> ➢ Escribimos los valores que queremos en la lista desplegable, separados por punto y coma (;) y damos "**Aceptar**":

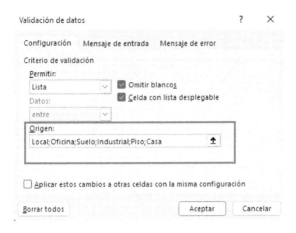

> ➢ Seleccionamos los valores posibles de otras celdas de la hoja y damos Aceptar.

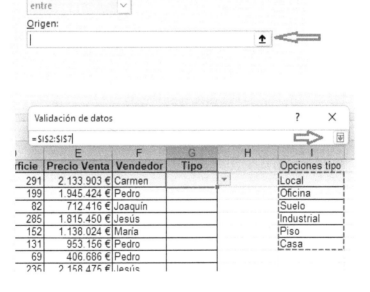

Independientemente de cómo hemos introducido los valores de la lista desplegable, una vez que demos "**Aceptar**", podemos comprobar que en la celda G2 ya no se puede escribir, sino seleccionar de los valores que antes hemos definido.

	C	D	E	F	G
1	Provincia	Superficie	Precio Venta	Vendedor	Tipo
	Lleida	291	2.133.903 €	Carmen	
	Bugos	199	1.945.424 €	Pedro	Local
	Girona	82	712.416 €	Joaquín	Oficina / Suelo
	Madrid	285	1.815.450 €	Jesús	Industrial
	Cadiz	152	1.138.024 €	María	Piso
	Bugos	131	953.156 €	Pedro	Casa
	Tarragona	69	406.686 €	Pedro	

Si quisiéramos usar esta misma validación (la misma lista) en otras celdas, copiamos la celda con el formato inicial (CTRL + C), seleccionamos las otras celdas y con botón derecho damos la opción de **Pegado Formato**

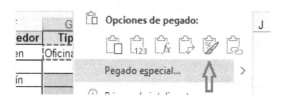

También podríamos arrastrar hacia abajo la primera celda (cuando la opción esta todavía sin seleccionar):

	F	G	H
Venta	Vendedor	Tipo	
3.903 €	Carmen		
5.424 €	Pedro		
2.416 €	Joaquín		
5.450 €	Jesús		
8.024 €	María		
3.156 €	Pedro		

23. Aplicar formato condicional a una lista desplegable

Enlazando con el punto anterior, una gran mejora de las listas desplegables es cuando estas permiten distinguir sus valores mediante colores.

Vamos a hacer otro ejemplo. Tenemos la siguiente tabla. En la columna **Estado** hemos aplicado un desplegable con las tres opciones, *Abierto,*

Cancelado y *Cerrado*. Queremos que una vez que elegimos el estado de cada pedido, toda la línea coja es formato de las celdas de Estado (columna F). Es decir, si el estado del pedido de la fila 2 es Abierto, toda la línea se pondrá de color amarillo. Si el estado fuese Cerrado, el color de la línea sería el verde...

	A	B	C	D	E	F
1	Pedido	Proveedor	Total	Estado		Estado
2	51485	Burguilaser	5.820,00			Abierto
3	51425	Goma	1.420,00			Cancelado
4	51489	Ausin	2.458,00			Cerrado
5	51596	Hern	12.541,00			
6	52687	TPF	124,00			
7	52647	Impresa Santos	25,00			
8	54871	Mecabur	548,00			
9	54796	Hermesa	41,00			
10	53974	Cellofoam	1.987,00			
11	53974	Kalori	5.874,00			
12	51478	Burguilaser	1.254,00			
13	56974	Derilaser	254,00			
14	59745	SGI	12.574,00			
15	51247	Hern	1.479,00			
16	51369	Webasto	4.789,00			
17						

Los pasos para aplicar son:

1. Primero seleccionamos el rango de los datos (toda la tabla, celdas A2:D16).

2. Después vamos a **Inicio** →**Estilos** →**Formato condicional** →**Reglas para resaltar celdas** →**Más reglas...**

3. En el cuadro **Nueva regla de formato** en la opción de **Seleccionar un tipo de regla** marcamos la última variante *(Utilice una fórmula que determine las celdas para aplicar formato)*.

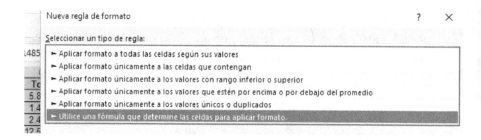

4. En ***Dar formato a los valores donde esta fórmula sea verdadera*** escribimos " =" , después seleccionamos la primera celda donde queremos aplicar el formato (D2), otra vez "=" y escribimos la primera opción de la lista de estados, entre comillas (ver abajo).

Cuando seleccionamos la celda D2, Excel nos pone de forma automática el símbolo $ antes de la columna y de la línea, pero a nosotros **nos interesa inmovilizar solo la columna** (D) porque queremos aplicar el formato en todas las líneas de la tabla y por eso borramos el $ antes del 2.

5. El último paso es elegir el formato que queremos aplicar a las líneas que cumplen la regla. Pinchamos en "**Formato**" y elegimos entre todas las opciones disponibles, cambiando el color de fondo, la letra, los bordes, poniendo un estilo de trama o no. Las opciones son infinitas.

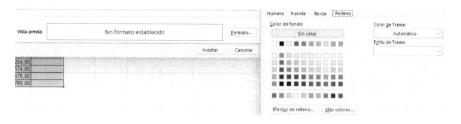

Una vez seleccionado el formato, nos aparece en *Vista previa*. Pulsamos "**Aceptar**".

Aparentemente no vemos ningún cambio en la tabla, pero una vez que seleccionamos la opción *Abierto* en cualquier celda de la columna *Estado,* toda la línea coge el formato que acabamos de establecer:

	A	B	C	D	
1	Pedido	Proveedor	Total	Estado	
2	51485	Burguilaser	5.820,00	Abierto	
3	51425	Goma	1.420,00		
4	51489	Ausin	2.458,00	Cerrado	
5	51596	Hern	12.541,00		
6	52687	TPF	124,00	Abierto	
7	52647	Impresa Santos	25,00		
8	54871	Mecabur	548,00		
9	54796	Hermesa	41,00		
10	53974	Cellofoam	1.987,00		
11	53974	Kalori	5.874,00		

Vemos que si seleccionamos otra opción que no sea **Abierto** (por ejemplo, **Cerrado**, en la celda D4), la línea 4 no cambia de formato porque no tenemos establecido el formato para la opción **Cerrado**. Toca repetir los pasos anteriores y establecer formatos tanto para la opción **Cerrado** como **Cancelado**.

Una vez establecidos los formatos, la tabla quedaría de esta forma:

	A	B	C	D	
1	Pedido	Proveedor	Total	Estado	
2	51485	Burguilaser	5.820,00	Abierto	
3	51425	Goma	1.420,00	Cancelado	
4	51489	Ausin	2.458,00	Cerrado	
5	51596	Hern	12.541,00	Abierto	
6	52687	TPF	124,00	Abierto	
7	52647	Impresa Santos	25,00	Cerrado	
8	54871	Mecabur	548,00	Cancelado	
9	54796	Hermesa	41,00	Cerrado	
10	53974	Cellofoam	1.987,00	Abierto	
11	53974	Kalori	5.874,00	Cerrado	
12	51478	Burguilaser	1.254,00	Abierto	
13	56974	Derilaser	254,00	Abierto	
14	59745	SGI	12.574,00	Abierto	
15	51247	Hern	1.479,00	Cerrado	
16	51369	Webasto	4.789,00	Cerrado	

Para ver/editar/borrar los formatos de una tabla, vamos a **Inicio** →**Estilos** →**Formato condicional** →**Administrar reglas.**

Podemos ver las reglas de toda la hoja, de una sección en concreto o de otras hojas del libro.

Si queremos hacer cambios en una regla, la seleccionamos con el ratón y la modificamos de la forma de queremos. Confirmamos pulsando **Aceptar**.

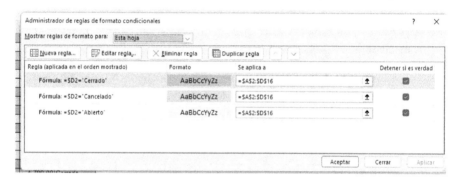

24. Dividir texto en columnas

Si tenemos en una sola celda, texto delimitado con algún carácter (espacio, tabulador, punto y coma, etc.) este texto lo podemos dividir en varias columnas utilizando la opción *Texto a columnas* . Es lo que necesitamos cuando la información o los datos provienen de otro tipo de documentos, por ejemplo: Google Docs, Microsoft Word u otros.

Tenemos la siguiente tabla con alumnos, donde la matricula, el apellido y el nombre vienen en una misma columna. Queremos separar esta información en 3 columnas distintas que posteriormente podemos manipular según nuestras necesidades.

	A	B	C	D
1	Datos	Matricula	Appelido	Nombre
2	1011-Gorton Hazel			
3	1012-Preston Liza			
4	1041-Tercan Robert			
5	1054-Smith Howard			
6	1055-Albert Maxine			
7	1056-Gonzales Joe			

Primero seleccionamos la columna A y vamos a **Datos → Texto en columnas.**

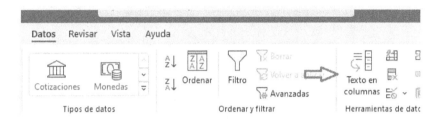

Se nos abre el siguiente cuadro de dialogo que consiste en 3 pasos. Seleccionamos **Delimitados** y pulsamos en **Siguiente.**

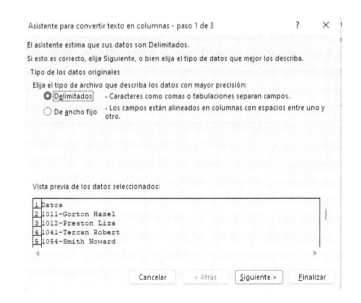

En el paso 2 seleccionamos los separadores que tenemos en la primera columna. En este caso es el *espacio* y "-" (seleccionamos otros y lo escribimos). En la vista previa ya se puede apreciar cómo va a quedar la separación. Si quisiéramos separar los datos solo en 2 columnas, la de la matricula y otra con el nombre completo, solo seleccionaríamos como separados el "-". Pinchamos en **Siguiente.**

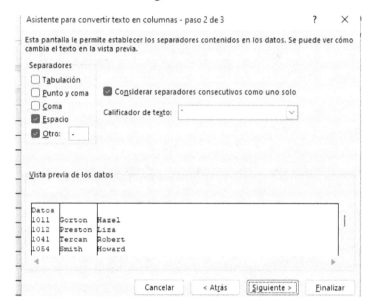

En el último paso seleccionamos el formato del texto y el destino, que puede ser la celda inicial A2 si no queremos conservar los datos de partida, es decir la columna inicial o la primera celda vacía (B2), si queremos mantener la primera columna y no sobrescribirla). Confirmamos pulsando **Finalizar.**

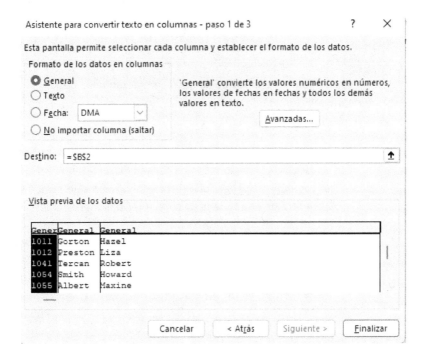

Esta pantalla permite seleccionar cada columna y establecer el formato de los datos.

Formato de los datos en columnas

- ⦿ General
- ○ Texto
- ○ Fecha: [DMA ▽]
- ○ No importar columna (saltar)

'General' convierte los valores numéricos en números, los valores de fechas en fechas y todos los demás valores en texto.

[Avanzadas...]

Destino: [=B2   ] ⬆

Vista previa de los datos

Gener	General	General
1011	Gorton	Hazel
1012	Preston	Liza
1041	Tercan	Robert
1054	Smith	Howard
1055	Albert	Maxine

[Cancelar]   [< Atrás]   [Siguiente >]   [Finalizar]

El resultado es:

Datos	Matricula	Appelido	Nombre
1011-Gorton Hazel	1011	Gorton	Hazel
1012-Preston Liza	1012	Preston	Liza
1041-Tercan Robert	1041	Tercan	Robert
1054-Smith Howard	1054	Smith	Howard
1055-Albert Maxine	1055	Albert	Maxine
1056-Gonzales Joe	1056	Gonzales	Joe
1067-Scote Gail	1067	Scote	Gail
1068-Mann Alyssa	1068	Mann	Alyssa
1075-Kane Sheryl	1075	Kane	Sheryl
1076-McKormick Brad	1076	McKormick	Brad

Es una herramienta muy sencilla y útil a la vez. Tiene sus defectos como por ejemplo los nombres o apellidos compuestos. Por ejemplo, si un alumno que se llama Liza María Preston, lo que va a pasar es que nos lo separará en 4 columnas. Pero la opción se podrá aplicar para el grueso de la lista, con un ahorro importante de tiempo y energía; las excepciones las tendremos que corregir a mano.

25. El uso de comodines en Excel

Los comodines con símbolos que reemplazan unos o más caracteres y sirven para la búsqueda de cualquier valor, ya sea texto o numérico que haya en una hoja de Excel, siguiendo un patrón.

> ➤ comodín asterisco (*) – representa cualquier secuencia de caracteres o dígitos en una cadena de caracteres;
> ➤ comodín interrogación (?) – reemplaza un solo carácter o dígito dentro de una cadena de caracteres o números;

> ➤ comodín tilde (~) – sirve para cuando en una búsqueda queremos buscar por los signos * o ?, es decir queremos buscar concretamente los símbolos, no queremos que haga su función de reemplazar otros caracteres.

Los comodines les podemos utilizar tanto en la opción de buscar (**CTRL + B**) como en las fórmulas.

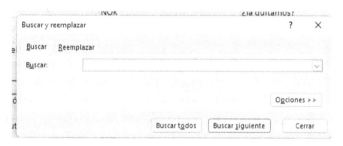

En la tabla de abajo tenemos los datos de partida. A la derecha hemos simulado varias búsquedas y los resultados que se hayan obtenido.

	A	B	C
	Pedido	Proveedor	Total
	51485	Burguilaser	5.820,00
	51425	Goma	1.420,00
	51489	Ausin	2.458,00
	51596	Hern*	12.541,00
	52687	TPF¿?	124,00
	52647	Impresa*Santos	25,00
	54871	Mecabur	548,00
	54796	Hermesa	41,00
)	53974	Cellofoam	1.987,00
1	53974	Kalori?	5.874,00
2	51478	Burguilaser	1.254,00
3	56974	Derilaser	254,00
4	59745	SGI	12.574,00
5	51247	Hern	1.479,00
5	51369	Webasto	4.789,00

Buscar	Resultado
48	51485, 51489
me	Mecabur, Hermesa
*ser	Burguilaser, Derilaser
*254	12541,1254, 254
6?7	52687, 52647, 56974
512??	51247
?????/*7	52687, 52647, 51247
~*	Hern*, Impresa*Santos
~?	TPF¿?, Kalori

62

26. Combinar datos de varias tablas

Podemos combinar varios archivos Excel en una sola tabla utilizando Power Query. Esta herramienta nos permite crear informes personalizados, además si realizamos cambios en los archivos originales o añadimos más archivos en la carpeta, se puede actualizar fácilmente el contenido de la tabla resumen.

Muy importante es dejar claro que, para poder unir correctamente varias tablas, ellas deben tener la misma estructura.

Empezamos por abrir un nuevo archivo de Excel. Después vamos a **Datos →Obtener datos →De un archivo → De una carpeta**.

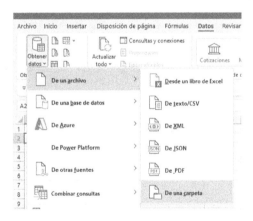

Seleccionamos la carpeta donde tenemos los Excel que queremos combinar y damos **"Abrir"**.

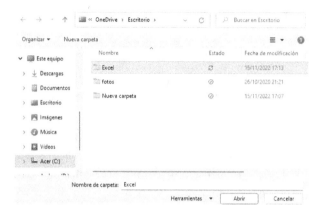

En este momento, Excel nos extrae de la carpeta que hemos elegido, todos los libros disponibles.

Si queremos incluir todas las tablas de la carpeta, hacemos clic en **Combinar → Combinar y transformar datos**.

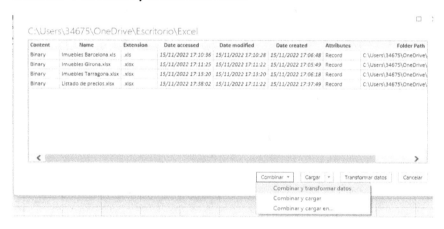

Si no queremos incluir una o varias tablas, hacemos clic en **Transformar datos** y se nos abre el editor de Power Query.

En este caso, por ejemplo, no queremos incluir el archivo **"Listado de precio"** en el informe final. En la columna "Name" desmarcamos el archivo **"Listado de precios"** y damos **"Aceptar"**. Podemos comprobar que se ha quitado el archivo de la lista.

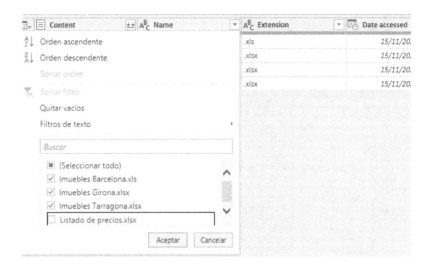

Seleccionamos **Combinar.**

Elegimos el archivo de referencia (que por defecto sale el primero), nos posicionamos en la Hoja 1 y damos **Aceptar.**

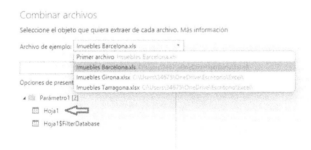

En este momento ya se ha generado la tabla común. Solo nos queda hacer clic en **Cerrar y cargar** y ya tenemos nuestra tabla con todos los datos de los 3 archivos que hemos seleccionado.

Vemos también que se cargaron 2554 filas.

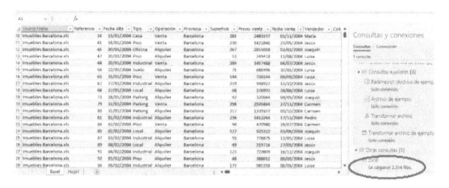

Si se hacen cambios en los documentos iniciales, podemos actualizar la tabla final simplemente dando **botón derecho → Actualizar**.

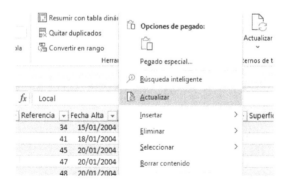

27. Personalizar cinta de opciones y accesos directos en Excel

Excel es muy complejo si nos ofrece muchas opciones y si utilizamos siempre los mismos, les podemos añadir en la barra de herramientas de acceso rápido, evitando así navegando por los menús en búsqueda de la función de nos interesa.

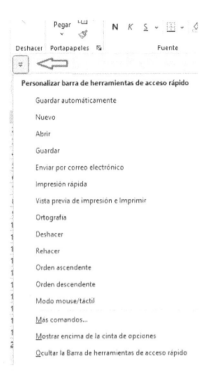

Si hacemos clic en cualquier comando de la lista, este se añade en la barra de herramientas. Por ejemplo, seleccionamos **Abrir** e **Impresión rápida**. Vemos que en el momento aparecen los iconos de estas 2 opciones.

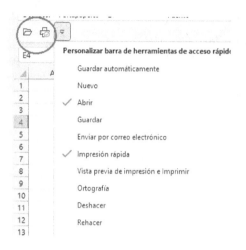

Si queremos añadir una opción que no encontramos en la lista predefinida de Excel, tenemos que seleccionar la opción **Más comandos**.

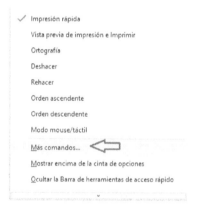

Se abre el cuadro de dialogo de personalización de barra de herramientas de acceso directo, en la lista de la izquierda buscamos el comando que nos interesa y pinchamos en **Agregar** para que se añada a la lista de la derecha.

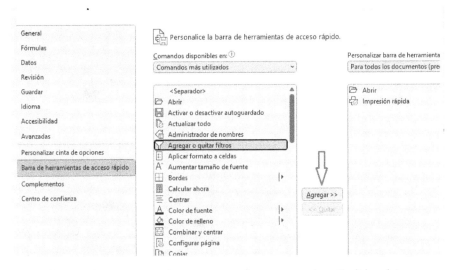

Damos **Aceptar** y podemos comprobar que se ha añadido el icono correspondiente en la barra de acceso rápido.

Si en nuestro trabajo utilizamos muchos comandos que queremos agrupar para no ir buscándolos cada vez que les necesitamos, **podemos crear nuestro menú personalizado** y añadir solo las funciones que queremos. Para ellos vamos a **Archivo → Opciones → Personalizar cinta de opciones**

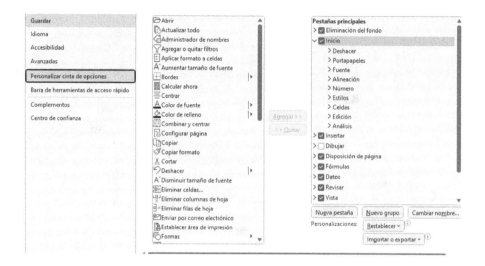

Vemos que debajo de la lista de la derecha tenemos las opciones de

- Nueva pestaña – es el nombre del menú: Inicio, Insertar, Disposición de página, Formulas…
- Nuevo grupo – dentro de cada pestaña, tenemos los comandos agrupados por categoría como, por ejemplo: Fuente, Alineación, Configurar página, Gráficos….

Para crear un nuevo menú, seleccionamos **Nueva pestaña**. Con botón derecho pinchamos en **Cambiar nombre** y ponemos el nombre que queremos. En este caso voy a poner mi nombre para saber que es mi configuración.

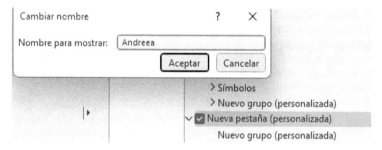

Con las flechas subimos nuestra pestaña en la lista y la colocamos la primera.

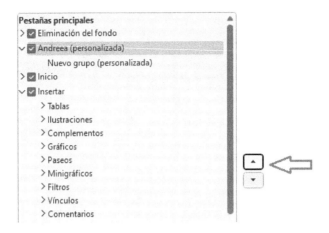

Después cambiamos el nombre del nuevo grupo eligiendo también un icono de la lista.

Una vez que tengamos la pestaña y el nuevo grupo creado, vamos añadiendo los comandos que queremos, seleccionando el comando de la lista de la izquierda, cada vez pinchando en **Agregar.**

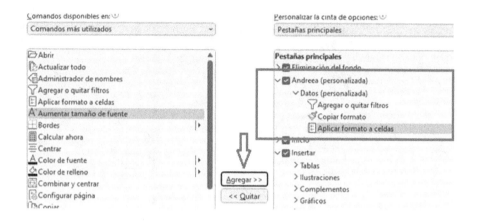

También podemos crear un nuevo grupo (dentro de la misma pestaña, Andreea) o crear otras pestañas con otros grupos. Al final damos **Aceptar** y comprobamos que se ha añadido un nuevo menú, con las opciones que nosotros hemos seleccionado.

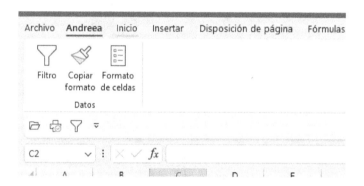

Si creamos un nuevo libro, automáticamente se crearía la nueva pestaña porque la personalización se comparte para todos los documentos de Excel. De esta forma se pueden colocar nuestras preferencias para el trabajo de Excel sea mucho más ameno y nosotros mucho más eficientes.

28. Filtrar valores únicos

Aunque en Excel existen varias herramientas para obtener valores únicos (como por ejemplo el formato condicional, la opción de quitar duplicados, formulas, etc) una forma muy sencilla de conseguir este resultado es utilizar la opción de filtrar por los valores únicos.

Veamos un ejemplo. Tenemos una tabla con las facturas pendientes de cobrar. Como del mismo cliente hay varias facturas pendientes, vamos a tener líneas duplicadas en la tabla.

	A	B	C	D
	Codigo	Cliente	Pedido	Total
2	C1942	Burguilaser	51485	5.820,00
3	C1596	Goma	51425	1.420,00
4	C2045	Ausin	51489	2.458,00
5	C1454	Hern	51596	12.541,00
6	C0098	TPF	52687	124,00
7	C5598	Impresa Santos	52647	25,00
8	C4510	Mecabur	54871	548,00
9	C5480	Hermesa	54796	41,00
10	C0126	Cellofoam	53974	1.987,00
11	C1254	Kalori	53974	5.874,00
12	C7874	Burguilaser	51478	1.254,00
13	C7596	Derilaser	56974	254,00
14	C1025	SGI	59745	12.574,00
15	C1698	Hern	51247	1.479,00
16	C0098	TPF	51369	4.789,00
17	C4510	Mecabur	52687	124,00
18	C7596	Derilaser	56147	254,00
19	C2045	Ausin	56587	2.154,00
20	C1454	Hern	52139	121,00

Supongamos que nos interesa obtener un listado con los clientes morosos, independientemente de la cantidad total que nos deben. Aplicaremos un filtro avanzado para ocultar temporalmente los valores duplicados.

Vamos a **Datos→Ordenar y filtrar →Avanzadas.**

Se abre el siguiente cuadro de dialogo:

Primero tenemos que optar por un filtrado en la misma lista o si queremos llevar los valores únicos fuera de la tabla inicial.

Después seleccionamos el rango de la lista que es la columna con datos duplicados que queremos filtrar. Puede ser cualquier columna de la tabla, el resultado final dependerá de los valores únicos de esa columna. En nuestro ejemplo seleccionamos la columna B (Cliente) y marcamos la casilla "solo registros únicos". Pinchamos en **Aceptar.**

Como resultado de aplicar el filtro avanzado, observamos que la lista de datos se contrae y solamente se mostrarán las celdas que contienen los valores únicos. *Los datos originales no han sido afectados, solamente se ha aplicado un filtro sobre ellos*. Vemos que los números de fila son azules y hay saltos de números lo cual nos indica que existen algunas filas que están ocultas.

	A	B	C	D
1	Codigo	Cliente	Pedido	Total
2	C1942	Burguilaser	51485	5.820,00
3	C1596	Goma	51425	1.420,00
4	C2045	Ausin	51489	2.458,00
5	C1454	Hern	51596	12.541,00
6	C0098	TPF	52687	124,00
7	C5598	Impresa Santos	52647	25,00
8	C4510	Mecabur	54871	548,00
9	C5480	Hermesa	54796	41,00
10	C0126	Cellofoam	53974	1.987,00
11	C1254	Kalori	53974	5.874,00
13	C7596	Derilaser	56974	254,00
14	C1025	SGI	59745	12.574,00
25				

Para quitar el filtro de la tabla pinchamos en **Borrar.**

En cambio, si queremos llevar la lista de valores únicos a otra ubicación de la hoja activa, seleccionamos **Copiar a otro lugar** y en **Copiar a** indicamos la celda a partir de donde se copiarán los valores únicos. Por supuesto que no podemos olvidar la selección de la opción *Sólo registros único.*

El resultado será una lista de valores únicos de la columna **Cliente**. Los datos originales que se encuentran el rango B1:B24 quedarán intactos y la lista de valores únicos será colocada en la columna F tal como se observa en la siguiente imagen.

⊿	A	B	C	D	E	F	G
1	Codigo	Cliente	Pedido	Total		Cliente	
2	C1942	Burguilaser	51485	5.820,00		Burquilaser	
3	C1596	Goma	51425	1.420,00		Goma	
4	C2045	Ausin	51489	2.458,00		Ausin	
5	C1454	Hern	51596	12.541,00		Hern	
6	C0098	TPF	52687	124,00		TPF	
7	C5598	Impresa Santos	52647	25,00		Impresa Santos	
8	C4510	Mecabur	54871	548,00		Mecabur	
9	C5480	Hermesa	54796	41,00		Hermesa	
10	C0126	Cellofoam	53974	1.987,00		Cellofoam	
11	C1254	Kalori	53974	5.874,00		Kalori	
12	C7874	Burguilaser	51478	1.254,00		Derilaser	
13	C7596	Derilaser	56974	254,00		SGI	
14	C1025	SGI	59745	12.574,00			

29. Restricción de Entrada con Función
de Validación de Datos

Para mantener la validez de los datos, a veces es necesario restringir el valor de entrada y ofrecer algunas opciones para ingresar datos. Una de las soluciones es crear listas desplegables, pero cuando esto no es posible podemos permitir la introducción de ciertos valores.

Por ejemplo, estamos preparando una tabla de todos los empleados de nuestra fabrica y queremos que cada empleado acceda a este listado y escriba su número de teléfono.

A	B	C	D	E	F
Matrícula	Apellido	Nombre	Categoría	Departamento	Teléfono
1011	Gorton	Hazel	Auxiliar Contable	Contabilidad	
1012	Preston	Liza	Ing. Mecánico	Ingeniería	
1041	Tercan	Robert	Aux. Admin. Unidad	I + D	
1054	Smith	Howard	Aux. Diseño	Diseño	
1055	Albert	Maxine	Aux. Admin. Unidad	Mercado	
1056	Gonzales	Joe	Director Unidad	Administración	
1067	Scote	Gail	Especialista Diseño	Diseño	
1068	Mann	Alyssa	Ing. Mecánico	Ingeniería	
1075	Kane	Sheryl	Aux. Diseño	Diseño	
1076	McKormick	Brad	Ingeniero Jefe	Ingeniería	
1078	Hapsbuch	Kendrick	Aux. Administrativo	Mercado	

Seleccionamos la columna **Teléfono** y vamos a **Datos→ Validación de datos**. Se nos abre el siguiente cuadro de dialogo:

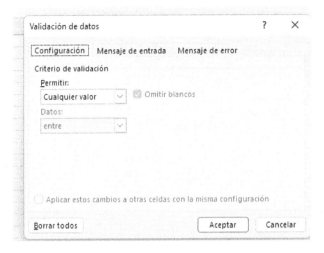

En la pestaña **Configuración**, completamos los siguientes datos:

- Permitir – número entero (el número de teléfono)
- Datos – entre (queremos poner una restricción para que no se puede introducir cualquier número entero)
- Mínimo – un número de teléfono en España tiene 9 cifras, el numero más pequeño de 9 cifras es 100000000
- Máximo – en número más grande de 9 cifras es 999999999.

Poniendo estas restricciones de numero evitamos que se pueda introducir cualquier número que no tenga 9 cifras.

En la pestaña **Mensaje de entrada** podemos poner un mensaje de cómo se tiene que completar la celda. No es imprescindible completarlo.

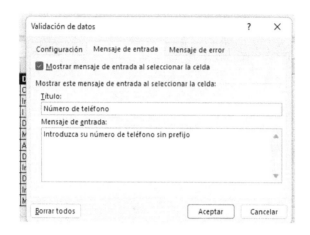

En la pestaña **Mensaje de error** se completa el mensaje que queremos que aparezca cuando el dato que introducimos no respecta los criterios de la pestaña **Configuración.** Seleccionamos **Aceptar.**

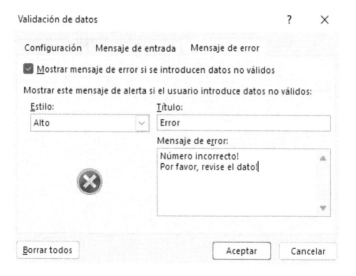

Cuando nos situamos con el cursor en una celda a la que le hemos aplicado la validación de datos nos sale el mensaje de entrada.

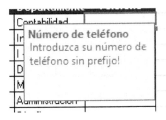

Si introducimos un número que no respeta los criterios de validación (9 cifras y número entero), una vez que queremos pasar a otra celda o pulsamos Enter, nos sale en mensaje de error:

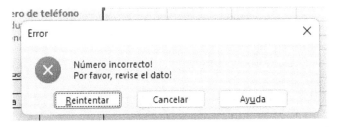

De esta forma se evita la introducción de datos erróneos que pueden alterar nuestros informes.

Para borrar la validación de datos que tenemos en una celda o en un rango primero debemos de seleccionar la celda o el rango, posteriormente nos dirigimos a la pestaña de menú **Datos** y nos vamos para la herramienta **Validación de datos**. En el mismo cuadro de dialogo donde pusimos los criterios de validación, seleccionamos **Borrar** y **Aceptar**.

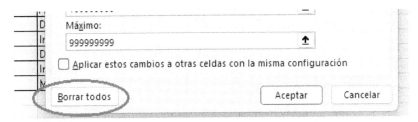

30. Ocultar valores de la celda

Ya sabemos cómo ocultar filas y columnas enteras en Excel pero también tenemos la posibilidad de ocultar el valor de una o varias celdas en concreto.

Es importante destacar que, al ocultar las celdas, no se eliminan los datos; por lo tanto, se puede hacer referencia a las mismos mediante gráficos o fórmulas. Incluso, si modificamos los datos de las celdas ocultas se actualizan las fórmulas que las contienen.

Primero seleccionamos las celda o celdas que queremos ocultar (utilizando la tecla Shift o CTRL).

	A	B
1	Provincia	Ventas (mil. euros)
2	Andalucía	80
3	Aragón	45
4	Asturias	74
5	Islas Baleares	79
6	Canarias	41
7	Cantabria	10
8	Castilla y León	58
9	Castilla-La Mancha	43
10	Cataluña	90
11	Valencia	87
12	Extremadura	12
13	Galicia	53
14	Madrid	120
15	Murcia	70
16	Navarra	43

Nos situamos en una celda seleccionada y damos **Botón derecho→ Formato de celdas**.

En la pestañas Número seleccionamos la **Categoría "Personalizada"** y en el campo **Tipo** ingresamos tres puntos y coma ;;;.

Formato de celdas

Número   Alineación   Fuente   Borde   Relleno   Proteger

Categoría:

General	Muestra
Número	
Moneda	
Contabilidad	Tipo:
Fecha	
Hora	
Porcentaje	Estándar
Fracción	0
Científica	0,00
Texto	#.##0
Especial	#.##0,00
Personalizada	#.##0;-#.##0
	#.##0;[Rojo]-#.##0
	#.##0,00;-#.##0,00
	#.##0,00;[Rojo]-#.##0,00

Pulsamos en **Aceptar** y podremos ver que los datos de dichas celdas han sido ocultados:

	A	B
1	Provincia	Ventas (mil. euros)
2	Andalucía	
3	Aragón	45
4	Asturias	
5	Islas Baleares	79
6	Canarias	41
7	Cantabria	
8		
9	Castilla-La Mancha	43
10	Cataluña	
11	Valencia	87
12	Extremadura	12
13	Galicia	
14	Madrid	120
15	Murcia	
16		

Podemos verificar que haya algún valor en las celdas ocultas, en el área de visualización junto al botón de función.

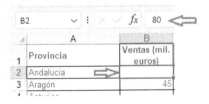

B2 ∨ : × ✓ *fx* 80 ⇐

	A	B
1	Provincia	Ventas (mil. euros)
2	Andalucía	
3	Aragón	45

Si deseamos que los datos ingresados sean nuevamente visibles debemos ir a **Formato de celdas** de nuevo y seleccionar la línea **Numero y escoger el formato adecuado.**

31. Cambiar mayúsculas o minúsculas en Excel

A veces podemos estar trabajando con informes que no están bien formateados y necesitamos cambiar los datos de la hoja a mayúsculas, minúsculas o nombre proprio. No hace falta escribir todo nuevamente, podemos resolver el problema usando el relleno rápido (punto) o las funciones de mayúsculas, minúsculas o nombre proprio.

	A Matrícula	B Nombre y Apellido
1	Matrícula	Nombre y Apellido
2	1079	price ellen
3	1290	cooper linda
4	1291	constance burt
5	1368	wu tammy
6	1530	stewart iain
7	1557	bates lisa
8	1676	price ellen
9	1908	wells jason
10	1968	able aaron

Para convertir el texto a mayúscula usamos la función **=MAYUSC(texto)** y pulsamos **Enter**. Después arrastramos la fórmula para toda la tabla.

A Matrícula	B Nombre y Apellido	C Todo Mayuscula
1079	price ellen	=MAYUSC(B2)
1290	cooper linda	

Si en cambio, tenemos un texto en mayúscula y lo queremos convertir en minúscula utilizamos la función **=Minusc (texto)** y pulsamos **Enter**. Después arrastramos la fórmula para toda la tabla.

C Nombre y Apellido	D Todo Minuscula
PRICE ELLEN	=minusc(C2)
COOPER LINDA	

Para los datos de nombres y apellidos formateados erróneamente, tenemos la función **NOMPROPIO (TEXTO)** para convertir solo la primera letra de cada palabra a mayúsculas.

D	E
Nombre y Apellido	**Nombre y Apellido OK**
price ellen	=NOMPROPIO(D2)
cooper linda	
constance burt	
wu tammy	

El resultado es una tabla con los nombres correctamente formateados

D	E
Nombre y Apellido	**Nombre y Apellido OK**
price ellen	Price Ellen
cooper linda	Cooper Linda
constance burt	Constance Burt
wu tammy	Wu Tammy
stewart iain	Stewart Iain
bates lisa	Bates Lisa
price ellen	Price Ellen

32. Crear un checkbox (casilla de verificación/tickbox) dinámico en Excel

Para crear los checkbox vamos a utilizar la pestaña **Programador.**

Si no tenemos la pestaña Programador la tenemos que "traer" yendo **a Personalizar la cinta de opciones (con Archivo → Opciones o botón derecho en la zona de controles).**

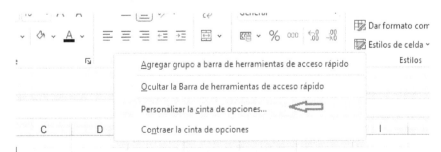

En la pestaña **Personalizar cinta de opciones** comprobamos si la pestaña **Programador** está disponible en la columna de la derecha (en este caso la seleccionamos poniendo el tick) o si no la encontramos disponible entre las pestañas principales, la tenemos que buscar entre los comandos más utilizados, nos posicionamos sobre ella, le damos **Agregar** para pasarla en la lista de pestañas principales y una vez allí, la seleccionamos con el tick y damos **Aceptar.**

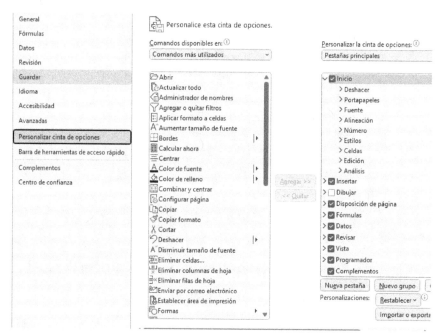

Después vamos a **Programador→ Insertar→ Controles de formulario y** seleccionamos el símbolo del checkbox.

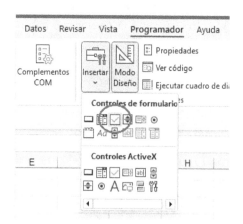

Nos colocamos en la celda donde queremos añadir el checkbox y lo dibujamos:

	A	B
1	**Actividades**	**Estado**
2	Preparar desayuno	☐ Casilla 1
3	Preparar niños para cole	
4	Llevar los niños al cole	
5	Recoger la casa	

Si nos situamos con el ratón por encima del checkbox, la imagen del cursor cambia al símbolo de la mano.

Podemos ajustar el tamaño de control, suprimir el texto y alinear el cuadradito en el medio de la celda. Una vez que lo tengamos formateado, lo arrastramos para todas las celdas que queremos que aparezca.

B2	∨ : ✕ ✓ *fx*	
	A	B
1	**Actividades**	**Estado**
2	Preparar desayuno	☐
3	Preparar niños para cole	
4	Llevar los niños al cole	
5	Recoger la casa	
6	Rutia diaria ejercicios	
7	Ducha	

Ya tenemos nuestras checkbox.

	A	B
1	**Actividades**	**Estado**
2	Preparar desayuno	☑
3	Preparar niños para cole	☑
4	Llevar los niños al cole	☑
5	Recoger la casa	☑
6	Rutia diaria ejercicios	☐
7	Ducha	☐

Para dar el siguiente paso y convertir nuestro checkbox a uno dinámico, tenemos que vincular cada checkbox con la celda correspondiente.

De esta manera, si chequeamos o dejamos en blanco una casilla, esa celda cambiará su valor.

Para crear este vínculo, nos situamos con el cursor por encima del checklist y seleccionamos **botón derecho →Formato de control**

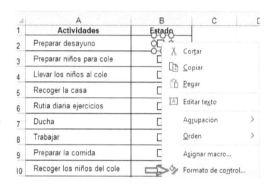

Se abrirá la ventana **Formato de control**. En la pestaña **Control,** seleccionamos el **Valor** como **Activado** y en el campo **Vincular** con la celda escribimos **la celda que queremos enlazar.** Pulsamos Aceptar.

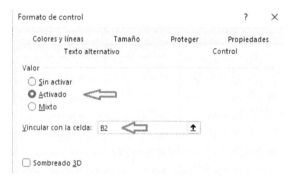

Podemos comprobar ahora que, si la casilla tiene la palomita, el valor lógico de la celda enlazada es Verdadero, de lo contrario es falso.

	A	B
1	**Actividades**	**Estado**
2	Preparar desayuno	VERDADERO
3	Preparar niños para cole	
4	Llevar los niños al cole	

Lo peor es que tendremos que repetir el proceso con cada una de las casillas de nuestro formato de checklist.

Ya tenemos todas las casillas vinculadas

	A	B
1	**Actividades**	**Estado**
2	Preparar desayuno	VERDADERO ☑
3	Preparar niños para cole	VERDADERO ☑
4	Llevar los niños al cole	FALSO ☐
5	Recoger la casa	FALSO ☐
6	Rutia diaria ejercicios	FALSO ☐
7	Ducha	VERDADERO ☑
8	Trabajar	FALSO ☐
9	Preparar la comida	VERDADERO ☑
10	Recoger los niños del cole	FALSO ☐
11	Comer	VERDADERO ☑

Para quitar o mejor dicho ocultar el texto molesto de detrás de los checkbox, seleccionamos las celdas y elegimos el blanco como color de la fuente.

Podemos hacer que las celdas con las tareas cambien de formato al chequearlas en su respectiva casilla de verificación.

Primero seleccionamos todas las celdas con las tareas (A2→A14).

Vamos a Inicio →**Formato condicional** →**Nueva regla.**

Seleccionamos la última opción **Utilice una fórmula que determine las celdas para aplicar formato**. En el cuadro **Editar una descripción de regla** debes escribimos "=$B2" (queremos mantener la columna B fija y que vaya cambiando la línea para actualizar la formula)

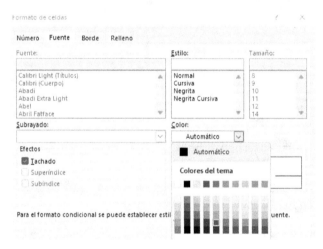

Nueva regla de formato

? ✕

_S_eleccionar un tipo de regla:

► Aplicar formato a todas las celdas según sus valores
► Aplicar formato únicamente a las celdas que contengan
► Aplicar formato únicamente a los valores con rango inferior o superior
► Aplicar formato únicamente a los valores que estén por encima o por debajo del promedio
► Aplicar formato únicamente a los valores únicos o duplicados
► Utilice una fórmula que determine las celdas para aplicar formato.

_E_ditar una descripción de regla:

Dar f_o_rmato a los valores donde esta fórmula sea verdadera:

= S_B_2

Vista previa:

Sin formato establecido

_F_ormato...

Aceptar   Cancelar

Ahora damos clic al botón **Formato**. Se desplegará la ventana **Formato de celdas** donde podremos elegir las opciones que queremos que adopte la celda cuando chequeemos una casilla de verificación. En este caso solo cambiaremos el color de la fuente a azul con efecto de tachado.

Hacemos clic en **Aceptar.** Comprobamos que se ha aplicado correctamente el formato condicional que hemos elegido. Si modificamos los checklists (poniendo o quitando la palomita) se modificará automáticamente el formato de la actividad correspondiente.

	A	B
1	**Actividades**	**Estado**
2	~~Preparar desayuno~~	☑
3	~~Preparar niños para cole~~	☑
4	Llevar los niños al cole	☐
5	Recoger la casa	☐
6	Rutia diaria ejercicios	☐
7	~~Ducha~~	☑
8	Trabajar	☐
9	~~Preparar la comida~~	☑
10	Recoger los niños del cole	☐
11	~~Comer~~	☑

	A	B
1	**Actividades**	**Estado**
2	Preparar desayuno	☐
3	Preparar niños para cole	☐
4	Llevar los niños al cole	☐
5	~~Recoger la casa~~	☑
6	Rutia diaria ejercicios	☐
7	Ducha	☐
8	~~Trabajar~~	☑
9	Preparar la comida	☐
10	Recoger los niños del cole	☐

33. Bloquear celdas

En el caso de compartir una hoja de cálculo y no querer que el destinatario edite una celda, se debe usar la función de bloquear celdas. De este modo, solo el dueño de ese archivo (o el que sabe la contraseña) podrá editar la hoja.

Por ejemplo, en la tabla de abajo, en la celda G9 tenemos la suma de las cantidades totales G2 →G7

	A	B	C	D	E	F	G
1	**Ropa**	**Is/provinc**	**Burgos**	**Madrid**	**Valencia**	**Murcia**	**Ventas**
2	Pantalones	40	52	60	61	58	9240
3	Camiseta MC	80	25	26	21	18	7200
4	Camiseta ML	45	26	28	25	25	4680
5	Sudadera	50	30	31	31	29	6050
6	Chaleco	18	38	40	45	30	2754
7	Cazadora	25	70	80	75	70	7375
8							
9						TOTAL	37299
10							

Para bloquear la celda G9 nos situamos en ella y con botón derecho seleccionamos **Formato de celdas...**

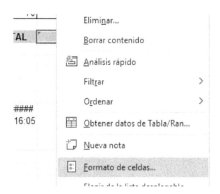

En la pestaña **Proteger** tenemos 2 opciones, Bloqueada y Oculta. Podemos marcar solo una de las dos opciones o las dos a la vez. Damos **Aceptar.**

Si marcamos la opción de **Bloqueada,** no vamos a poder editar y borrar el contenido de la celda. Si marcamos la opción **Oculta,** podemos ver el resultado de la celda pero no vemos la fórmula para ver cómo se obtenido.

	A	B	C	D	E	F	G
1	**Ropa**	**Is/provin**	**Burgos**	**Madrid**	**Valencia**	**Murcia**	**Ventas**
2	Pantalones	40	52	60	61	58	9240
3	Camiseta MC	80	25	26	21	18	7200
4	Camiseta ML	45	26	28	25	25	4680
5	Sudadera	50	30	31	31	29	6050
6	Chaleco	18	38	40	45	30	2754
7	Cazadora	25	70	80	75	70	7375
8							
9						TOTAL	37299

Muy importante es que podemos bloquear/ocultar las celdas solo si la hoja está protegida.

34. Proteger con contraseña

Si la información que guardamos en nuestros archivos es de mucha importancia, Excel nos permite proteger un libro de varias maneras de modo que solo aquellas personas autorizadas puedan tener acceso a los datos.

Para cifrar un libro con contraseña hay que seguir estos sencillos pasos:

• Abrimos el archivo en Excel y pulsamos sobre la opción de menú **Archivo**.

• A continuación, seleccionamos la opción **Información** y desplegamos la pestaña que aparece junto la opción **Proteger libro**.

• Seleccionamos la opción **Cifrar con contraseña**, que es la opción que nos permite establecer una clave para poder abrir el archivo.

• Introducimos la **clave**, pulsamos **Aceptar**.

- Repetimos de nuevo la misma **contraseña** y pulsamos en **Aceptar**.

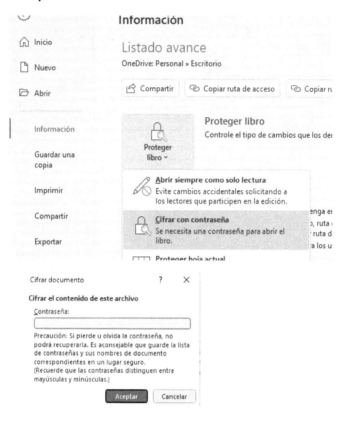

A partir de ese momento el archivo Excel estará protegido por la contraseña que acabamos de crear. Por lo tanto, cada vez que tratemos de abrir el archivo, se nos abrirá una pequeña ventana solicitándonos la clave de acceso. Sólo en el caso de que indiquemos la contraseña correctamente se nos abrirá el documento.

Para quitar la protección tenemos que ir de nuevo a **Archivo →Información →Proteger libro → Cifrar con contraseña** y **remover la contraseña**.

35. Obtener tablas de la WEB (y actualizar)

Esta técnica permite importar datos de una página web, actualizables en Excel mediante la conexión con la página web. Una vez importados los datos, es posible actualizarlos, cada vez que nosotros lo deseemos, de forma diaria o cada X tiempo.

Por ejemplo, queremos hacer un estudio de la cotización IBEX en una fecha en concreto o tener esta cotización actualizada a tiempo real. Hemos encontrado en la web una tabla muy completa, pero necesitamos llevarla a Excel para poder utilizar los datos de la forma que queremos.

Una posible solución sería copiar/pegar la tabla, pero en este caso el formato no se mantendría y tampoco podríamos actualizar los datos.

	A	B	C	D
1	IBEX 35	8.300,94	-50,86	-0,61%
2	US 500	3.935,60	-5,7	-0,14%
3	US Tech 100	11.521,30	-28,4	-0,25%
4	Dow Jones	33.596,34	-350,76	-1,03%
5	DAX	14.284,25	-58,94	-0,41%
6	Índice dólar	105,573	0,031	0,03%
7	Índice euro	114,98	0,18	0,16%

La mejor forma de traer esta tabla a nuestra hoja de Excel es seguir estos pasos:

- Copiamos el enlace de la página web donde encontramos los datos

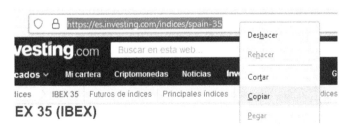

- Volvemos a Excel y en la pestaña **Datos** seleccionamos **Obtener datos → De otras fuentes → De la web.**

Dependiendo de la versión de Excel que estamos usando, esta opción también la podemos tener en un icono pequeño en el menú contextual de **Obtener y transformar datos.**

- Se abre la opción de fuente de datos y en el campo **Dirección URL** pegamos el link que copiamos anteriormente. Hacemos clic en **Aceptar.**

- En el siguiente paso seleccionamos **Conectar.**

- Después de unos segundos Excel se conecta con la página web y carga un cuadro de dialogo que se llama navegador el cual nos da dos vistas, vista de tablas y vista web. En la parte izquierda tenemos un listado con todas las tablas que hay en la página web.

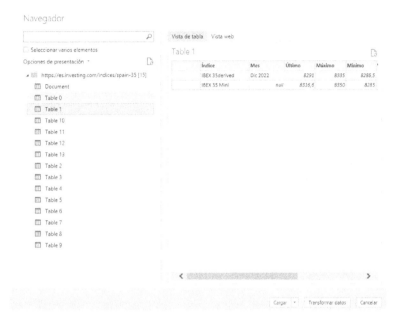

- Vamos a vista de tablas y buscamos la tabla que queremos integrar al Excel (en nuestro caso es la Table 7) y damos **Cargar.**

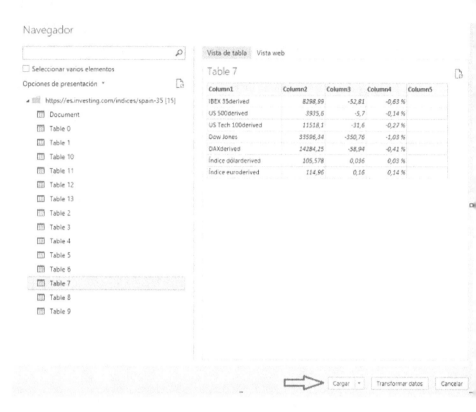

- Comprobamos que Excel nos ha cargado la tabla elegida en un formato de tabla dinámica.

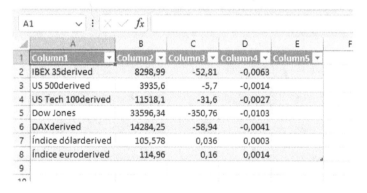

Llegados a este punto, tenemos 2 opciones: utilizar estos datos para nuestro estudio de forma estática o actualizarles (forma manual o automática) cada vez que queramos.

Para *actualizar los datos de forma manual* nos vamos a **Datos →
Actualizar todo.**

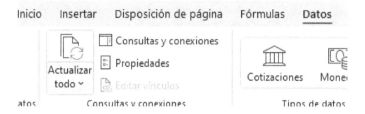

Vemos que los datos ya se han actualizado (son distintos a los datos iniciales). Podemos repetir este paso las veces que queremos para refrescar los numero.

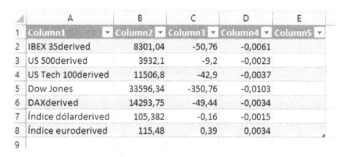

	A	B	C	D	E
1	Column1	Column2	Column3	Column4	Column5
2	IBEX 35derived	8301,04	-50,76	-0,0061	
3	US 500derived	3932,1	-9,2	-0,0023	
4	US Tech 100derived	11506,8	-42,9	-0,0037	
5	Dow Jones	33596,34	-350,76	-0,0103	
6	DAXderived	14293,75	-49,44	-0,0034	
7	Índice dólarderived	105,382	-0,16	-0,0015	
8	Índice euroderived	115,48	0,39	0,0034	
9					

Para *actualizar los datos de forma automática* nos vamos a **Datos →
Propriedades.**

En el cuadro de dialogo elegimos por ejemplo que los datos se actualicen cuando abrimos el archivo (también podemos establecer que se actualicen cada X minutos si queremos

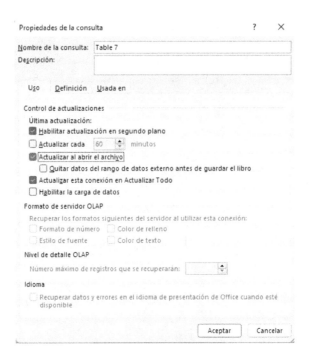

Damos **Aceptar**. Vamos a probar el cambio. Salimos del Excel y volvemos a entrar. Vemos que los datos se han vuelto de actualizar con los datos en tiempo real de la página web.

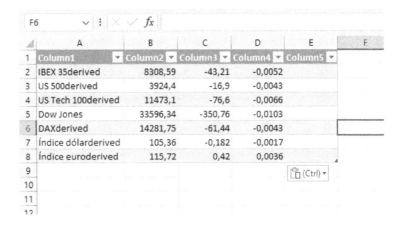

36. Colocar cifras que empiezan por 0 en Excel

¿Te ha pasado que quieres anotar un número telefónico o una cifra que empieza por 0 y no has podido porque el programa te elimina automáticamente el cero? Hay formas de agregar ceros a la izquierda y comenzar números con ceros en Excel. Vamos a ver unas las soluciones:

- *Agregar un ' (apostrofo) antes del 0*
  Hay que escribir manualmente un apóstrofo antes de un número que comienza con 0 y después presionar Enter.

- *Cambiar formato a texto*

Si sabemos que en una columna vamos a tener números que empiezan por 0, le podemos atribuir el formato texto. Nos posicionamos en el encabezado de columna y con botón derecho seleccionamos **Formato celdas →Texto → Aceptar.**

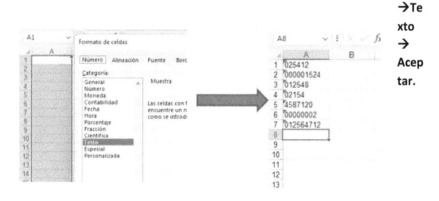

- *Agregar 0 posteriormente con formato celdas.*

99

Si por ejemplo tenemos unos números si les queremos agregar ceros a la izquierda, primero seleccionamos los numero y hacemos **clic derecho** →**Formato celdas** →**Personalizada**

En el campo **Tipo** escribimos los ceros que queremos añadir a cada número seguidos de caracteres #.

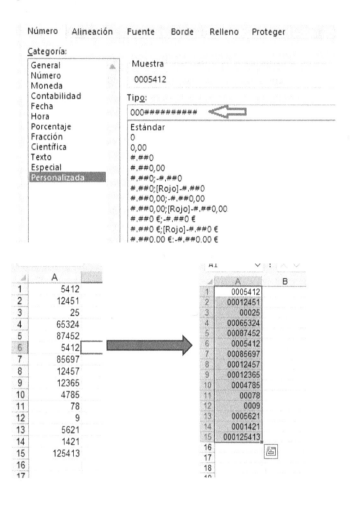

Podemos utilizar la misma función de **Formato de celdas** para rellenar los ceros iniciales en los valores de celda para que tengan la **misma longitud**. Empezamos otra vez seleccionado los números y hacemos **clic derecho** →**Formato celdas** → **Personalizada**.

En el campo **Tipo** escribimos tantos ceros como dígitos queremos que contengan los valores que ingresamos en la hoja.

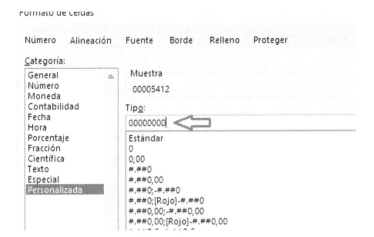

Pulsamos **Aceptar** y podemos comprobar que a los números de las celdas originales se le hayan añadido ceros a la izquierda hasta llegar a la longitud prestablecida.

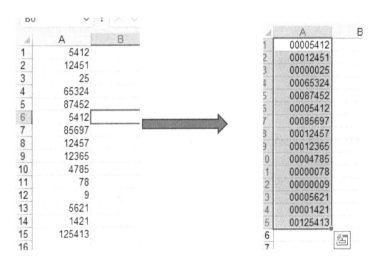

37. Convertir las fórmulas en valores estáticos

Como regla general es preferible convertir las fórmulas que no necesitamos en valores estáticos. Primero para mejorar el rendimiento del libro, pero también para evitar posibles errores de resultados por cambios de datos iniciales.

Hay dos formas sencillas en las que podemos sustituir todas las fórmulas por sus valores en Excel.

• **Pegado especial**: es la forma más usada de hacerlo. Seleccionamos las celdas o el rango de celdas que contienen las fórmulas que nos interesan cambiar, con botón derecho damos **Copiar** o **CTRL + C**, nos situamos en la celda donde queremos ver el resultado final (que puede ser la primera celda que hemos seleccionado), con botón derecho elegimos **Pegado Especial** y luego la opción de **Pegado especial→Pegar valores**.

Y listo ahora las fórmulas han desaparecido y solo están los valores.

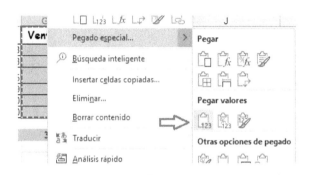

• *Combinación teclas F2+F9*

Nos situamos en la celda, presionamos la tecla **F2** para editar la celda, después presionamos **F9** para calcular la celda y al final **Enter** para reemplazar permanentemente la fórmula por su valor calculado.

38. Enviar emails desde Excel (sin macros)

Vamos a ver cómo podemos enviar emails desde Excel ya sea adjuntado un archivo, como *pdf o en formato *xls. Incluso como podemos enviar una parte del archivo el cuerpo de correo.

Vamos a utilizar la barra de herramientas de acceso rápido. Pinchamos en el icono de **Personalizar barra de herramientas de acceso rápido** y en la lista despegable seleccionamos **Más comandos...**

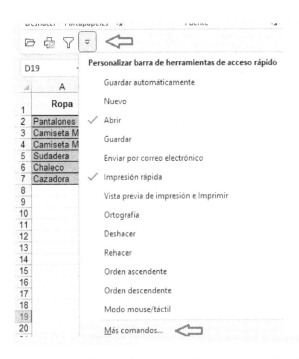

Este paso nos lleva a la ventana de opciones de Excel. Desplegamos el campo **Comandos disponibles** y seleccionamos la opción **Todos los comandos**.

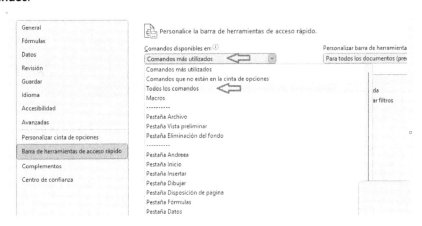

De la lista de todos los comandos disponibles seleccionamos: **Enviar, Enviar como PDF adjunto, Enviar para revisión** y **Enviar por correo electrónico** y las agregamos al listado de accesos habilitados.

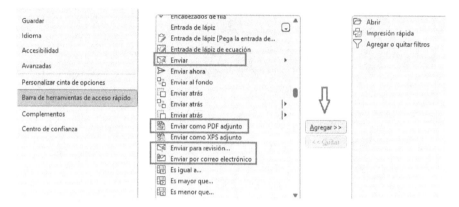

Una vez que tengamos los 4 accesos disponibles en la parte derecha validamos las opciones pulsando **Aceptar**.

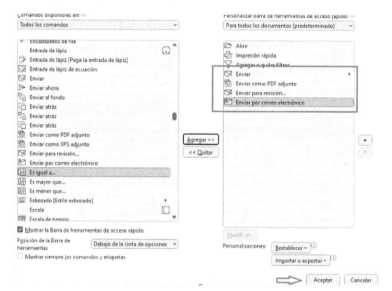

En la parte de la barra de herramientas ya podemos comprobar los iconos:

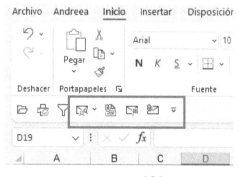

Es imprescindible tener el Outlook de Office configurado con una cuenta porque va a utilizar esa sesión de Outlook para mandar correos. Vamos a ver las opciones una por una.

Si pinchamos en el icono se abre una ventana de Outlook donde se adjunta el libro de Excel en formato Pdf. Podemos elegir la dirección de correo de donde queremos mandar el correo, cambiar el asunto y solo faltaría de añadir el destinatario y si queremos escribir algo en el cuerpo del correo.

Utilizamos la opción **Destinatario de correo para revisión** cuando queremos enviar un archivo a una persona y que lo pueda revisar y hacer cambios que se reflejen en nuestro archivo, es decir, que lo estemos utilizando a la vez.

Primero tenemos que guardar el archivo en la carpeta personal de OneDrive. Vamos **a Archivo → Guardar como→ OneDrive Personal** y cambiamos el nombre del archivo.

Sé que ahora el archivo está guardado en OneDrive porque la se ha habilitado opción de Autoguardado, es decir, cada cambio que hacemos se guardará de forma automática.

Ahora pinchamos en el icono  . Nos salta el siguiente mensaje que nos pregunta si queremos adjuntar una copia del archivo para que el destinatario no tenga acceso al archivo original. Contestamos No.

Se genera un correo de Outlook con un link que el destinatario puede abrir y trabajar en el archivo. Lo que hicimos fue compartir el documento guardado en OneDrive y todos los usuarios que tienen el link pueden hacer cambios y trabajar en el archivo a la vez.

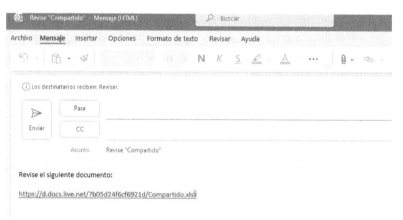

El siguiente icono que tenemos en la barra de herramientas de acceso rápido es "**Enviar por correo electrónico.** Esta opción lo que hace es generar el correo de Outlook con el adjunto el formato de Excel (.xlsx)

39. Crear hipervínculo

Los hipervínculos en Excel sirven para colocar enlaces directamente en una hoja de cálculo Excel como parte de una fórmula. También podemos crear un hipervínculo para realizar el enlace a algún archivo externo o a una dirección de Internet.

Para insertar un hipervínculo de una página web dentro de una celda, tenemos que seleccionar la celda y en la barra de fórmulas pegamos la dirección de la página web y pulsamos **Enter**. Excel reconoce que se trata de una url y le aplica el formato correspondiente:

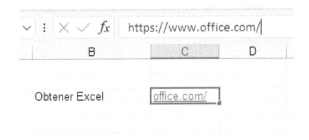

Para acceder a esa página web vemos que al pasar el ratón por encima nos muestra a donde vamos y cambia el símbolo del ratón.

Si queremos cambiar el texto del hipervínculo, lo podemos hacer seleccionando la opción de **Modificar hipervínculo** (nos posicionamos con el cursor sobre el hipervínculo y pulsamos botón derecho)

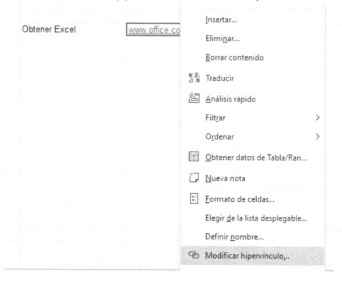

En el campo **Texto** borramos la URL y escribimos por ejemplo "Descarga Excel aquí" o una pequeña descripción de donde nos llevará la URL.

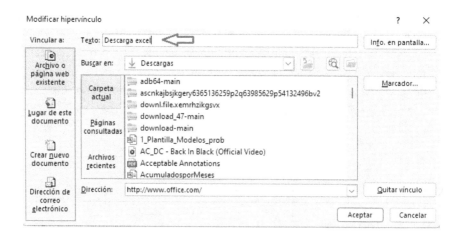

Hacemos clic en **Aceptar** y vemos que el hipervínculo ha cambiado:

D	C
Obtener Excel	Descarga excel

No solo podemos insertar hipervínculos en celdas, sino les podemos asignar también a formas y botones.

Para crear un botón vamos a **Insertar** →**Ilustraciones**→**Formas** y elegimos la forma que queremos.

Colocamos la forma en nuestra hoja Excel y le damos el aspecto que queramos. Para asignar un vínculo a nuestro botón damos botón derecho → **Vínculo:**

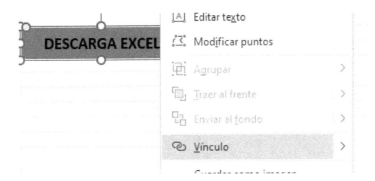

Tenemos varias opciones. Podemos crear un vínculo a:

- un archivo o página web existente (solo tenemos que escribir en el campo **Dirección** la URL o la dirección del archivo de nuestro PC)

- un lugar de este documento – en este caso elegimos la hoja a la queremos dirigir el enlace

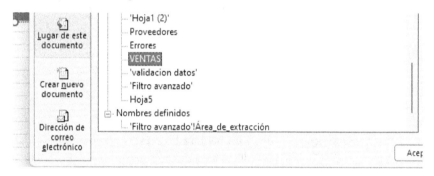

- crear un nuevo documento

- enviar un nuevo correo - solo tendríamos que escribir la dirección de correo electrónico y un asunto si queremos

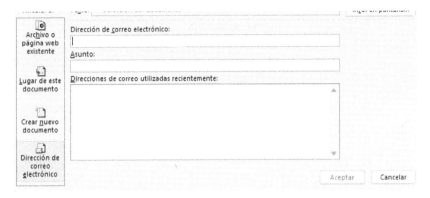

Para eliminar el hipervínculo, con botón derecho seleccionamos **Quitar hipervínculo:**

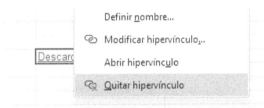

40. Activar Excel en modo oscuro

Habilitar el modo oscuro de Excel puede ser una buena opción para aquellos que pasan muchas horas frente a la pantalla.

Vamos a **Archivo → Cuenta→ Tema de Office → Gris Oscuro (Negro)**

Esta configuración de tema y fondo afecta a todas las aplicaciones de Microsoft Office en nuestro sistema. Incluso afectan las aplicaciones de Office en otras PC con Windows, suponiendo que iniciemos sesión en ellas con la misma cuenta de Microsoft.

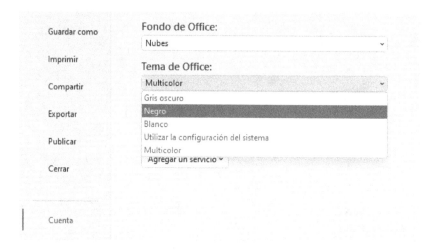

Ahora la interfaz de Excel es oscura, pero la hoja de cálculo sigue siendo blanca. Si lo que queremos es que las celdas también sean oscuras, tendremos que configurar el fondo en un color oscuro.

Para ellos, vamos a **Disposición de página →Fondo.**

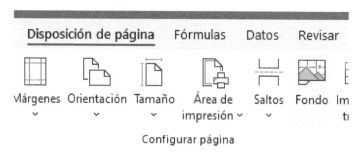

Se nos abre el siguiente cuadro de dialogo:

Seleccionamos un fondo (si lo tenemos en nuestro ordenador o en OneDrive) o simplemente escribimos el color que queremos de fondo y hacemos una búsqueda con Bing.

Elegimos el fondo que queremos y damos **Insertar**.

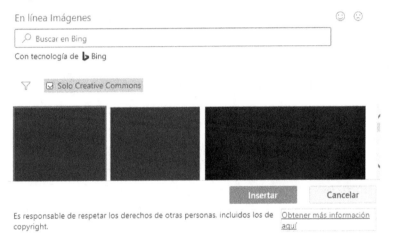

Es muy probable que tengamos que cambiar el color del texto. Si el fondo es demasiado oscuro, el texto negro predeterminado será difícil de leer.

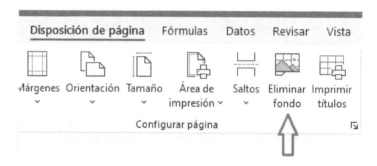

	A	B	C	D	E	F	G	H
1	Pedido	Proveedor	Total					
2	51465	Burguilaser	5.820,00					
3	51425	Goma	1.420,00				Buscar	Resultado
4	51489	Ayala	2.450,00				48	51485, 51439
5	51595	Hern	12.541,00				me	Mecabur, Hermesa
6	52687	TPEJ 2	124,00				ser	Burguilaser, Deniaser
7	52647	Imprenta Santos	25,00				264	12541,1264, 264
8	54871	Mecabur	546,00				627	52687, 52647, 56974
9	51796	Hermesa	41,00				51247	51247
10	53974	Deniaser	1.587,00				?????7 2	52687, 52647, 51247
11	53974	Kalon 7	5.874,00				r	Hern, Imprenta Santos
12	51478	Burguilaser	1.264,00				2	TPEJ 2, Kalon
13	56974	Deniaser	264,00					
14	51746	SGI	12.574,00					
15	51247	Hern	1.479,00					
16	51369	Webasto	4.780,00					
17								

Para volver al color original vamos a **Disposición de página →Eliminar fondo**.

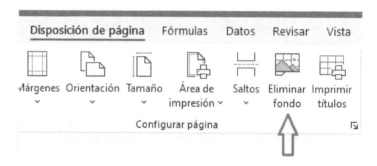

41. ATAJOS DE EXCEL

Un atajo de teclado es una tecla o un grupo de teclas que debe pulsarse al mismo tiempo para ejecutar un comando específico. Los atajos de teclado son sumamente útiles para automatizar un determinado número de acciones que generalmente requieren de una serie de clicks con el ratón para llevarse a cabo.

La lista de atajos que encontramos en Excel es casi infinita, podemos utilizar el método abreviado del teclado para realizar prácticamente cualquier acción que nos permita realizar Excel.

A continuación, encontrarás el listado de atajos de Excel organizados por el tipo de teclas pulsadas o de acuerdo con su funcionalidad.

Atajo	Descripción
TECLAS de FUNCIÓN	
(Fn) + F1	Abre la ventana de ayuda de Excel
(Fn) + F2	Entra en modo de edición para la celda activa
(Fn) + F3	En caso de existir un nombre definido, muestra el cuadro de diálogo "Pegar nombre"
(Fn) + F4	Repite la última acción
(Fn) + F5	Abre la ventana Ir a…
(Fn) + F6	Te mueves entre los paneles de un libro de dividido
(Fn) + F7	Abre la ventana de revisión ortográfica
(Fn) + F8	Activa el modo Ampliar selección
(Fn) + F9	Resuelve las fórmulas que tengas en las hojas tus libros abiertos
(Fn) + F10	Activa la barra de menús
(Fn) + F11	Crea una hoja de gráfico con el rango de celdas seleccionado
(Fn) + F12	Abre la ventana de Guardar cómo…
ATAJOS BASICOS EN EXCEL	
CTRL+A	Nos muestra el cuadro de diálogo Abrir
CTRL+B	Nos abre el cuadro de diálogo Buscar
CTRL+C	Copia las celdas que estén seleccionadas.
CTRL+D	Copia una fórmula
CTRL+E	Selecciona todas las celdas de la hoja de calculo
CTRL+ G	Activa el cuadro de diálogo "Guardar"
CTRL + I	Abre el cuadro de diálogo "Ir a"
CTRL+J	Copia una fórmula hacia abajo.
CTRL+K	Aplica formato de cursiva al texto seleccionado.
CTRL + L	Abre el cuadro de diálogo "Reemplazar"
CTRL+N	Aplica formato de negrita al texto seleccionado.
CTRL+S	Subraya el texto seleccionado.
CTRL+P	Abre la ventana Imprimir.
CTRL+R	Cierra el libro de Excel donde estamos
CTRL+T	Abre ventana Crear tabla.
CTRL+U	Crea un nuevo libro de trabajo.
CTRL+V	Pega el contenido del portapapeles.

CTRL+X	Corta las celdas que hayamos seleccionado previamente.
CTRL + Y	Rehacer acción deshecha
CTRL+Z	Deshace la última acción.
CTRL+0	Oculta las columnas seleccionadas
CTRL+1	Abre el cuadro de dialogo " Formato de celdas"
CTRL+2	Aplica/Quita formato de negrita al texto seleccionado.
CTRL+3	Aplica/Quita formato de cursiva al texto seleccionado.
CTRL+4	Aplica/Quita el formato subrayado al texto seleccionado.
CTRL+5	Aplica/Quita formato de tachado texto seleccionado.
CTRL+6	Muestra u oculta objetos en una hoja
CTRL+8	Muestra los símbolos de esquema.
CTRL+9	Oculta las filas seleccionadas.
ATAJOS CON TECLAS DE FUNCIÓN (CTRL, ALT, SHIFT)	
CTRL+(Fn) + F1	Muestra/Oculta la cinta de opciones de Excel
CTRL+(Fn) + F2	Abre el cuadro de diálogo "Imprimir"
CTRL+(Fn) + F3	Abre la ventana "Administrador de nombres"
CTRL+(Fn) + F4	Cierra el libro actual
CTRL+(Fn) + F5	Restaura el tamaño de la ventana original.
CTRL+(Fn) + F6	Nos permite movernos al siguiente libro abierto
CTRL+(Fn) + F7	Permite mover la ventana del libro cuando la ventana no está maximizada.
CTRL+(Fn) + F8	Cambia el tamaño de la ventana del libro cuando la ventana no está maximizada.
CTRL+(Fn) + F9	Minimiza la ventana actual.
CTRL+(Fn) + F10	Maximiza la ventana de un libro minimizado.
CTRL+(Fn) + F11	Crea un ahoja de Macros
CTRL+(Fn) + F12	Abre el cuadro de dialogo "Abrir"
ALT + (Fn) + F1	Crea un gráfico a partir de los datos del rango actual
ALT + (Fn) + F2	Abre el cuadro de diálogo "Guardar como"
ALT + (Fn) + F4	Cierra Excel
ALT + (Fn) + F8	Abre cuadro de diálogo "Macro"
ALT + (Fn) + F10	Abre el panel "Selección"
ALT + (Fn) + F11	Abrir el editor de Microsoft Visual Basic.
SHIFT + (Fn) + F2	Añade comentarios en la celda

SHIFT + (Fn) + F3	Abre el cuadro de dialogo "Insertar función"
SHIFT + (Fn) + F4	Hace de función de "Buscar siguiente" cuando realizamos una búsqueda
SHIFT + (Fn) + F5	Abre el cuadro de dialogo "Buscar y reemplazar"
SHIFT + (Fn) + F6	Nos podemos mover en la hoja entre la barra de estado y el panel de tareas
SHIFT + (Fn) + F7	Abre el panel "Sinónimos"
SHIFT + (Fn) + F8	Agrega una celda o rango de celdas a una previa selección con las teclas de dirección
SHIFT + (Fn) + F9	Actualiza todas las fórmulas de la hoja
SHIFT + (Fn) + F10	Muestra el menú contextual de un elemento seleccionado
SHIFT + (Fn) + F11	Añade una nueva hoja de cálculo al libro
SHIFT + (Fn) + F12	Guarda el archivo
CTRL+SHIFT+ (Fn) + F3	Abre el cuadro de diálogo " Crear nombres a partir de la selección"
CTRL+SHIFT+ (Fn) + F6	Nos movemos al libro abierto anterior abierto
CTRL+SHIFT+(Fn) + F10	Activa la barra de menú.
CTRL+SHIFT+ (Fn) + F12	Abre el cuadro de diálogo "Imprimir".
CTRL+SHIFT+ F	Abre el menú "Formato de celdas"
CTRL+SHIFT+L	Activa o desactiva los filtros en un rango.
CTRL+SHIFT+O	Selecciona las celdas con comentarios.
CTRL+SHIFT+U	Amplía la barra de fórmulas
CTRL+SHIFT+Inicio	Extiende la selección hasta el inicio de la hoja
CTRL+SHIFT+Fin	Extiende la selección hasta la última celda utilizada en la hoja activa
CTRL+SHIFT+Av Pág	Agrega la siguiente hoja a la selección de hojas
CTRL+SHIFT+Re Pág	Agrega la hoja previa a la selección de hojas
CTRL+SHIFT+Espacio	Selecciona el rango de celdas actual o la hoja completa
CTRL+SHIFT+(	Muestra las filas ocultas del rango seleccionado
CTRL+SHIFT+)	Muestra las columnas ocultas del rango seleccionado
CTRL+SHIFT+!	Aplica formato Numero con dos decimales
CTRL+SHIFT+#	Aplica formato Fecha (dd-mm-aaaa)
CTRL+SHIFT+$	Aplica formato Moneda con dos decimales
CTRL+SHIFT+%	Aplica formato Porcentaje con sin decimales

CTRL+SHIFT+/	Aplica formato de notación Científica
CTRL+SHIFT+:	Aplica formato Hora
CTRL+SHIFT+&	Aplica un borde a la celda
CTRL+SHIFT+-	Remueve los bordes de la celda
CTRL+SHIFT+" (doble comilla)	Copia el contenido de la celda superior
ATAJOS PARA MOVERNOS EN EXCEL	
SHIFT+ Entrar	Completa la entrada de la celda y va a la celda superior
SHIFT + Tabulador	Completa la entrada de la celda y ve a la celda de la izquierda
TABULADOR	Completa la entrada de la celda y ve a la celda de la derecha
CTRL + ↑	Va a primera celda llena en la columna de datos actual
CTRL + ↓	Va a última celda llena en la columna de datos actual
CTRL + →	Va a primera celda llena en la fila de datos actual
CTRL + ←	Va a primera celda llena en la fila de datos actual
CTRL + Inicio	Va a la celda de inicio de la hoja de cálculo
CTRL + FIN	Va a la celda final de la hoja de cálculo
ATAJOS PARA SELECCIÓN DE DATOS	
CTRL+*	Selecciona todas las celdas con datos
CTRL+Espacio	Selecciona la columna actual
SHIFT+Espacio	Selecciona la fila actual
SHIFT+Av Pág	Extiende la selección hacia abajo por una pantalla
SHIFT+Re Pág	Extiende la selección hacia arriba por una pantalla
SHIFT+Inicio	Extiende la selección hasta el inicio de la fila
SHIFT+Tecla dirección	Extiende la selección una celda más en la dirección de la tecla pulsada
ATAJOS PARA FÓRMULAS	
ALT+=	Suma las celdas adyacentes
ALT+Abajo	Despliega las opciones de una lista de validación
ALT+Entrar	Inserta un salto de línea dentro de
CTRL+, (coma)	Insertar la fecha actual
CTRL+:	Insertar la hora actual
CTRL+" (comillas dobles)	Copia el valor de la celda superior
CTRL+' (comilla simple)	Copia la fórmula de la celda superior

CTRL+Entrar	Llena el rango de celdas seleccionado con la entrada actual
CTRL+Suprimir	Borra todo el texto hasta el final de la línea
CTRL+ALT+K	Insertar un hipervínculo
SHIFT + Entrar	Completa la entrada de celda y selecciona la celda superior
SHIFT + Tabulador	Completa la entrada de celda y selecciona la celda a la izquierda.
OTROS ATAJOS DE EXCEL	
ALT+ Espacio	Abre el menú de control de la ventana de Excel
ALT+'(comilla simple)	Muestra el cuadro de dialogo "Estilo"
CTRL+-	Muestra el cuadro de diálogo "Eliminar celdas"
CTRL++	Muestra el cuadro de diálogo "Insertar celdas"
CTRL+ALT+V	Abre la ventana de "Pegado especial"